Viel Spass beim Backen:

Katharina Saheicha & Stefanie Bartsch

Cupcakes

55 unwiderstehliche Törtchen

KOSMOS

Inhaltsverzeichnis

Inhaltsverzeichnis

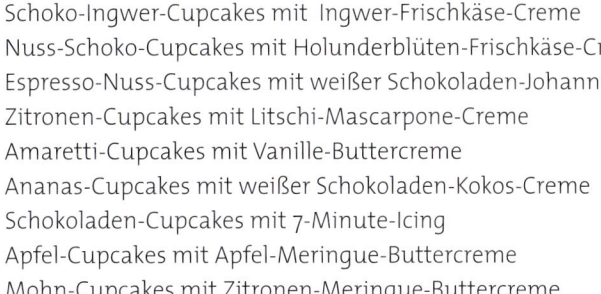

Die unwiderstehlichen Törtchen

Es begann mit dem 14. Geburtstag meiner Tochter. Für ihre Party sollte alles ganz cool und trendy sein. Deshalb wollte ich auch keinen gewöhnlichen Geburtstagskuchen backen, sondern was ganz Besonderes: Cupcakes, die angesagten amerikanischen Mini-Törtchen, die nicht nur ein echter Hingucker sind, sondern auch toll schmecken. Bei meiner Rezeptsuche entdeckte ich, dass es kein einziges deutsches Cupcake-Buch gibt. Ganz anders als in den USA, wo diese Törtchen Kultstatus besitzen. In der Magnolia Bakery in New York etwa stehen die Leute dafür täglich Schlange.

Aber auch meine Geburtstags-Cupcakes waren ein voller Erfolg. Und so überzeugend, dass mir eine gute Freundin, die mir bei den Vorbereitungen geholfen hatte und die bereits viele Bücher gestaltet hat, vorschlug, doch gemeinsam ein Cupcake-Buch zu machen. Ich begann also mit den verschiedensten Zutaten zu experimentieren. Und ich versuchte, im Gegensatz zu den amerikanischen Cupcakes, ganz auf Farbstoffe zu verzichten und allein durch Früchte in unterschiedlichsten Formen – frisch, als Marmelade oder Sirup – Geschmack und Farbe in die Törtchen zu bringen.

Wir hatten viel Spaß beim Ausprobieren und beim Fotoshooting. Freunde und Bekannte haben mit viel Begeisterung, aber auch kritisch unsere Ergebnisse getestet. Und wir wünschen Ihnen nun genauso viel Freude und Erfolg beim Backen und Genießen der wunderbaren Törtchen!

Katharina Saheicha

Cupcakes-Know-how

Die Zubereitung der Mini-Törtchen ist in den Rezepten zwar genau beschrieben, trotzdem will ich hier einige grundlegende Schritte detailliert erläutern, damit die Cupcakes auch Backanfängern perfekt gelingen.

Den Teig zubereiten

Die Grundlage der Törtchen im Kleinformat ist ein saftiger Rührteig. Dafür müssen zunächst Eier und Zucker schaumig geschlagen werden und zwar wirklich schaumig. Den Unterschied sieht man in den nebenstehenden Abbildungen: In der oberen sind die Eier nur kurz verrührt, in der unteren sind sie schaumig geschlagen, dabei haben sich die Farbe und das Volumen der Masse verändert. Im nächsten Schritt wird Butter zugegeben und alles gut vermengt. Sobald aber das Mehl, mit Backpulver gemischt, hinzukommt, sollte man nicht mehr unnötig weiterrühren, damit der Teig nicht seine lockere Struktur verliert. Wird das Eiweiß getrennt steif geschlagen, hebt man es zum Schluss unter. Die fertige Masse nun nicht mehr lange stehen lassen, sonst verliert sie ihre Luftigkeit.

Die Törtchen backen

Nun wird der Backofen vorgeheizt (150–200 °C, je nach Rezept), ich stelle ihn immer auf Ober- und Unterhitze ein und verwende die mittlere Einschubleiste. Dann lege ich eine Muffinform mit Papierbackförmchen aus und fülle jede Mulde der Form zu 2/3 mit Teig. Denn auch wenn kein Backpulver verwendet wird – was aber selten der Fall ist –, geht der Teig noch etwas auf.

Die Teigmenge reicht für ca. 12 Cupcakes, je nachdem welche Muffinform man verwendet, es gibt sie in verschiedenen Größen, Formen und Materialien. Füllt man den Teig direkt in die Muffinmulden, müssen beschichtete Formen nur leicht gefettet werden, solche aus Silikon überhaupt nicht. Ich lege die Muffinform immer mit Papierbackförmchen aus, so bleibt die Form sauber und ich muss am Ende nur ein paar Krümel entfernen. Wer keine Form besitzt, kann auch einfach 2 Papierbackförmchen ineinanderstellen und den Teig einfüllen.

Verwendet man nicht die übliche Muffinformgröße, sondern eine mit kleinen Mulden, die man mittlerweile auch überall bekommt, so reicht der in den Rezepten angegebene Teig für 36 kleine Cupcakes.

Um zu prüfen, ob die Cupcakes fertig gebacken sind, mache ich eine Garprobe mit Hilfe eines dünnen Stäbchens aus Holz oder Metall – seit einiger Zeit habe ich dafür einen speziellen „cake tester", den mir eine Freundin geschenkt hat. Mit diesem steche ich in die Mitte des Törtchens, bleibt noch Teig am Stäbchen haften, wie in der oberen Abbildung zu sehen, brauchen die Cupcakes noch eine Weile, andernfalls sind sie fertig und können aus dem Ofen genommen werden.

Ich lasse sie erst mal noch ca. 5 Minuten in der Form. Sobald ich mir nicht mehr die Finger daran verbrenne, nehme ich sie heraus und lasse sie auf einem Kuchengitter vollständig auskühlen. Denn erst dann kann man die Creme darauf verteilen. Daher backe ich die Törtchen manchmal schon am Abend zuvor. Man kann sie auch problemlos einfrieren und dann bei Zimmertemperatur in 2–3 Stunden auftauen lassen.

Krönender Abschluss: die Creme

Neben Frischkäse-, Mascarpone- und weißer Schokoladencreme, die ganz einfach nur nach Rezept zusammengerührt werden müssen, verwende ich auch gerne Buttercreme-Varianten, 7-Minute-Icing und Ganache, um die Cupcakes zu verzieren.

Bei der Buttercreme, die aus Butter und Pudding besteht, sollte man darauf achten, dass alle Zutaten Zimmertemperatur haben und langsam und löffelweise miteinander vermischt werden. Danach nicht unnötig weiterrühren, damit die Creme schön homogen bleibt.

Für die Meringue-Buttercreme und das 7-Minute-Icing wird Eiweiß im kochenden Wasserbad aufgeschlagen. Dafür Wasser in einen großen Topf füllen und erhitzen, einen kleineren Topf, der gut passt, hineinhängen und das Eiweiß darin so lange schlagen (ca. 7 Minuten), bis es feste Spitzen bildet. Darauf achten, dass kein Wasser in den oberen Topf gelangt und auch dass das Kabel des Rührgerätes nicht an die Herdplatte kommt.

Das „7-Minute-Icing" besteht aus Eiweiß und Zucker sowie etwas Weinstein-Backpulver, das unbedingt nötig ist, da es für die Stabilität des Eiweißes sorgt. Ohne Weinstein würde es nach 10–20 Minuten wieder zerfallen und sich verflüssigen. Das fertige Icing muss möglichst schnell auf den ausgekühlten Cupcakes verteilt werden, damit die Oberfläche schön glänzt.

Eine Ganache wird aus Sahne und Schokolade zubereitet. Wichtig dabei ist, die Creme 20–30 Minuten zu schlagen. Das gelingt am einfachsten mit einer Küchenmaschine. Ich bereite die Ganache meist schon am Abend vorher zu und stelle sie über Nacht in den Kühlschrank. So wird sie fester und lässt sich besser aufspritzen.

Die Cupcakes verzieren

Die einfachste Methode und für jede Creme geeignet ist, sie mit einem Spachtel auf den Törtchen zu verteilen. Die meisten Cremes kann man aber auch mit dem Spritzbeutel auf die Cupcakes auftragen. Einfach mal ausprobieren, es ist nicht so schwierig, wie es vielleicht zunächst aussieht. Natürlich darf die Creme dann keine Fruchtstücke enthalten, da diese in der Spritztülle hängen bleiben können und den Cremefluss blockieren. Deshalb wähle ich bei der Zubereitung der Buttercreme immer eine Marmelade ohne Fruchtstücke, eventuell sogar ein Gelee. Oder ich püriere die Marmelade.

Die Dekoration

Ob Zuckerperlen, Schokospäne oder Kokoschips: Die Wahl der richtigen Dekoration unterstreicht die Farbe und den Geschmack der Creme. Ich bevorzuge Früchte und Blüten, aber diese sollten natürlich genießbar und ungespritzt sein. Also keine Blumen beim Blumenhändler besorgen, denn die sind meistens gespritzt und somit giftig. Blumen, die zum Verzehr geeignet sind, bekommt man oft beim Obsthändler zu kaufen oder man pflanzt sie einfach selber an: im Garten, auf dem Balkon oder auf der Fensterbank.

Cupcakes: für kreatives Backen

Wie man sieht, verführen Cupcakes dazu, kreativ zu experimentieren. Das betrifft nicht nur die Wahl der Dekoration, sondern man kann auch die Zutaten für den Teig oder die Creme austauschen. Oder man teilt die Teigmasse auf und vermischt sie mit unterschiedlichen Zutaten wie Früchten oder Nüssen. Und auch die Creme lässt sich auf diese Weise variieren. Allerdings sollte man darauf achten, dass die geschmacksgebenden Zusätze von gleicher Konsistenz sind. Die Meringue-Buttercreme zum Beispiel erhält ihren Geschmack durch Marmelade, also sollte man sie nur durch eine andere Sorte ersetzen.

Der Kreativität sind also keine Grenzen gesetzt und ganz schnell hat man so viele verschiedene Cupcakes gezaubert. Und setzt man sie noch in eine hübsche Papierhülle, dann schmecken die kleinen Törtchen nicht nur perfekt, sondern sehen auch so aus.

Haselnuss-Cupcakes mit weißer Schokoladen-Aprikosen-Creme

Für die Cupcakes

4 Eier
150 g Zucker
200 g Haselnüsse

Für die Creme

200 g weiße Schokolade
40 g weiche Butter
200 g Doppelrahmfrischkäse
100 g getrocknete Aprikosen

6 getrocknete Aprikosen

Zutaten für 12 Cupcakes
Zubereitung: 45 Minuten
Backzeit: ca. 30 Minuten

Haselnüsse spielen in den meisten Varianten des Märchens „Aschenputtel" eine zentrale Rolle. Dort lässt sich Aschenputtel einen Haselnusszweig vom Vater mitbringen anstelle von Kleidern und Schmuck wie ihre Stiefschwestern. Die Haselnuss ist bereits in den keltischen Sagen Symbol für Weisheit und Einsicht. Und wer weiß, vielleicht „erhellen" uns diese Cupcakes ja auch?

Zubereitung

Für den Teig die Eier trennen. Die Eigelbe mit Zucker und Haselnüssen vermischen. Die Eiweiße steif schlagen und unter die Nussmasse heben.

Den Teig in die mit Papierbackförmchen ausgelegte Muffinform füllen. Im vorgeheizten Backofen bei 175 °C ca. 30 Minuten backen.

Für die Creme die Schokolade im kochenden Wasserbad schmelzen, bis eine homogene Masse ohne Klümpchen entsteht, dazu gelegentlich umrühren. Aus dem Wasserbad nehmen und 10–15 Minuten abkühlen lassen. Butter und Frischkäse ca. 3 Minuten schaumig schlagen, die noch lauwarme geschmolzene Schokolade dazugeben und alles gut vermischen. Die getrockneten Aprikosen fein hacken und unterheben.

Die Creme mit einem Spachtel auf den ausgekühlten Cupcakes verteilen und mit einigen gehackten Aprikosenstückchen bestreuen.

Mandel-Cupcakes mit Kumquat-Frischkäse-Creme

Salz ist in der Küche unentbehrlich und auch beim Kuchenbacken ist die Prise Salz wichtig, denn sie rundet die Süße harmonisch ab. In früheren Zeiten spielte Salz auch sonst eine große Rolle, sogar Verträge und Treuebündnisse wurden damit besiegelt, da es unveränderlich ist. So leisteten zum Beispiel indische Truppen den Briten ihren Treueeid auf Salz.

Zubereitung

Für den Teig Eier und Zucker schaumig schlagen. Butter hinzufügen und alles gut vermischen. Backpulver, Natron, Salz, Mandelstifte und Mehl kurz mit dem Teig vermengen. Die Buttermilch dazugeben.

Den Teig in die mit Papierbackförmchen ausgelegte Muffinform füllen. Im vorgeheizten Backofen bei 180 °C ca. 30 Minuten backen.

Für die Creme die Butter schaumig rühren. Frischkäse und Puderzucker dazugeben und gut vermischen. Die Kumquats sehr fein hacken und unter die Frischkäse-Creme heben.

Die Creme mit einem Spachtel auf den ausgekühlten Cupcakes verteilen. Mit einem Zestenreißer ein paar Orangenstreifen abziehen und damit die Cupcakes dekorieren.

Für die Cupcakes

2 Eier
135 g Zucker
120 g weiche Butter
½ TL Backpulver
¼ TL Natron
¼ TL Salz
50 g Mandelstifte
100 g Mehl
80 ml Buttermilch

Für die Creme

80 g weiche Butter
300 g Doppelrahmfrischkäse
40 g Puderzucker
5 Kumquats

&

Zesten von 1 Orange

Zutaten für 12 Cupcakes
Zubereitung: 30 Minuten
Backzeit: ca. 30 Minuten

Schokoladen-Cupcakes mit Orangen-Meringue-Buttercreme

Für die Cupcakes

140 g Blockschokolade
140 g Butter
140 g Zucker
2 Eier
140 g Mehl

Für die Creme

2 frische Eiweiße
125 g Zucker
180 g weiche Butter
170 g Orangenmarmelade

##

3 kandierte Orangenscheiben

Zutaten für 12 Cupcakes
Zubereitung: 40 Minuten
Backzeit: ca. 30 Minuten

Viele Kinder im Nachkriegsdeutschland kamen durch die CARE-Pakete zum ersten Mal in den Genuss von Schokolade, da sie nach 1939 in erster Linie Soldaten zugeteilt wurde. Anfangs wurden die Hilfspakete aus Beständen der US-Armee gefüllt. Ab März 1947 stellten die Hilfsorganisationen, die unter dem Namen CARE zusammengeschlossen waren, selbst die Pakete zusammen, mit denen sie Deutschland versorgten.

Zubereitung

Für den Teig Schokolade und Butter im kochenden Wasserbad schmelzen und vermischen. Zucker und Eier schaumig rühren, dann das Mehl unterheben. Die geschmolzene Schokoladenmischung mit der Teigmasse vermengen.

Den Teig in die mit Papierbackförmchen ausgelegte Muffinform füllen. Im vorgeheizten Backofen bei 175 °C ca. 30 Minuten backen.

Für die Creme die Eiweiße und den Zucker im kochenden Wasserbad schaumig rühren, bis sich der Zucker aufgelöst hat. Aus dem Wasserbad nehmen und 5–6 Minuten weiterrühren, bis die Masse abgekühlt ist und feste Spitzen bildet. Die weiche Butter mit dem Rührgerät bei mittlerer Geschwindigkeit nach und nach unter die Eiweißmasse rühren. Ca. 2 Minuten auf kleinster Stufe weiterrühren. Die Marmelade unterheben.

Die Creme mit einem Spachtel auf den ausgekühlten Cupcakes verteilen. Die kandierten Orangenscheiben vierteln und damit die Cupcakes verzieren.

Orange Orange Orange Orange

Zitronen-Cupcakes mit Mango-7-Minute-Icing

Es gibt Tausende von Mangosorten, hierzulande sind aber leider nur einige wenige erhältlich. Vor einiger Zeit entdeckte ich bei meinem Obsthändler eine Mango aus Thailand. Ihr Fruchtfleisch war reif und köstlich, aber trotzdem fest und daher besonders gut für diese Creme geeignet. Natürlich schmecken die Cupcakes aber auch mit einer der üblicherweise im Laden erhältlichen Mangos ganz prima.

Zubereitung

Für den Teig Eier und Zucker schaumig schlagen. Die Butter hinzufügen und alles gut vermischen. Die restlichen Zutaten dazugeben und kurz umrühren.

Den Teig in die mit Papierbackförmchen ausgelegte Muffinform füllen. Im vorgeheizten Backofen bei 180 °C ca. 30 Minuten backen.

Für das Icing Eiweiße, Zucker und Weinstein im kochenden Wasserbad etwa 3–4 Minuten aufschlagen. Aus dem Wasserbad nehmen und weiterrühren, bis sich glänzende Spitzen bilden. Das dauert etwa 7 Minuten. Die ½ Mango in kleine Stücke schneiden und unter die Creme heben.

Die Creme direkt mit einem Spachtel auf den ausgekühlten Cupcakes verteilen. Die andere Mangohälfte in 12 Stücke schneiden und jeden Cupcake mit einem Mangostück dekorieren.

Für die Cupcakes

3 Eier
170 g Zucker
150 g weiche Butter
1 Päckchen Vanillezucker
180 g Mehl
1 TL Backpulver
Saft und Schale von 1 Zitrone

Für das Icing

2 frische Eiweiße
100 g Zucker
¼ TL Weinstein-Backpulver
½ Mango

½ Mango

Zutaten für 12 Cupcakes
Zubereitung: 30 Minuten
Backzeit: ca. 30 Minuten

Rüebli-Cupcakes mit Orangen-Frischkäse-Creme

Für die Cupcakes

150 g weiche Butter

150 g Zucker

3 Eier

Schale und Saft von ½ Orange

100 g Mehl

1 TL Backpulver

40 g gemahlene Mandeln

40 g gehackte Walnüsse

½ TL Zimt

1 Prise gemahlene Nelken

3 Prisen gemahlener Ingwer

100 g geschälte und grob
  geraspelte Möhren

1 Prise Salz

Für die Creme

80 g weiche Butter

300 g Doppelrahmfrischkäse

40 g Puderzucker

2 TL abgeriebene Orangenschale

&

12 ungespritzte Ringelblumen

Zutaten für 12 Cupcakes

Zubereitung: 45 Minuten

Backzeit: ca. 30 Minuten

Rüebli-Kuchen mit Frischkäse-Creme ist mein absoluter Favorit! Ich liebe diese Kombination und wundere mich oft, warum man sie hierzulande kaum kennt, obwohl sie in den angelsächsischen Ländern ein Klassiker ist. Als ich vor fast 25 Jahren in Weybridge lebte, bin ich fast jede Woche nach London gefahren und habe mir in einem kleinen Café in der St. James Church ein Stück von diesem köstlichen Kuchen gegönnt.

Zubereitung

Für den Teig Butter und Zucker schaumig rühren. Die Eier trennen und die Eigelbe nach und nach zur Butter-Zucker-Mischung geben, ebenso Schale und Saft der ½ Orange. Mehl und Backpulver unterheben und die restlichen Zutaten – bis auf die Eiweiße und Salz – untermischen. Die Eiweiße mit Salz schaumig schlagen und unter den Teig heben.

Den Teig in die mit Papierbackförmchen ausgelegte Muffinform füllen. Im vorgeheizten Backofen bei 180 °C ca. 30 Minuten backen.

Für die Creme die Butter schaumig rühren. Frischkäse und Puderzucker dazugeben und gut vermischen. Zum Schluss die Orangenschale unter die Frischkäse-Creme heben.

Die Creme mit einem Löffel und einem Messer auf den ausgekühlten Cupcakes verteilen und mit den Ringelblumen oder den gehackten Walnüssen dekorieren.

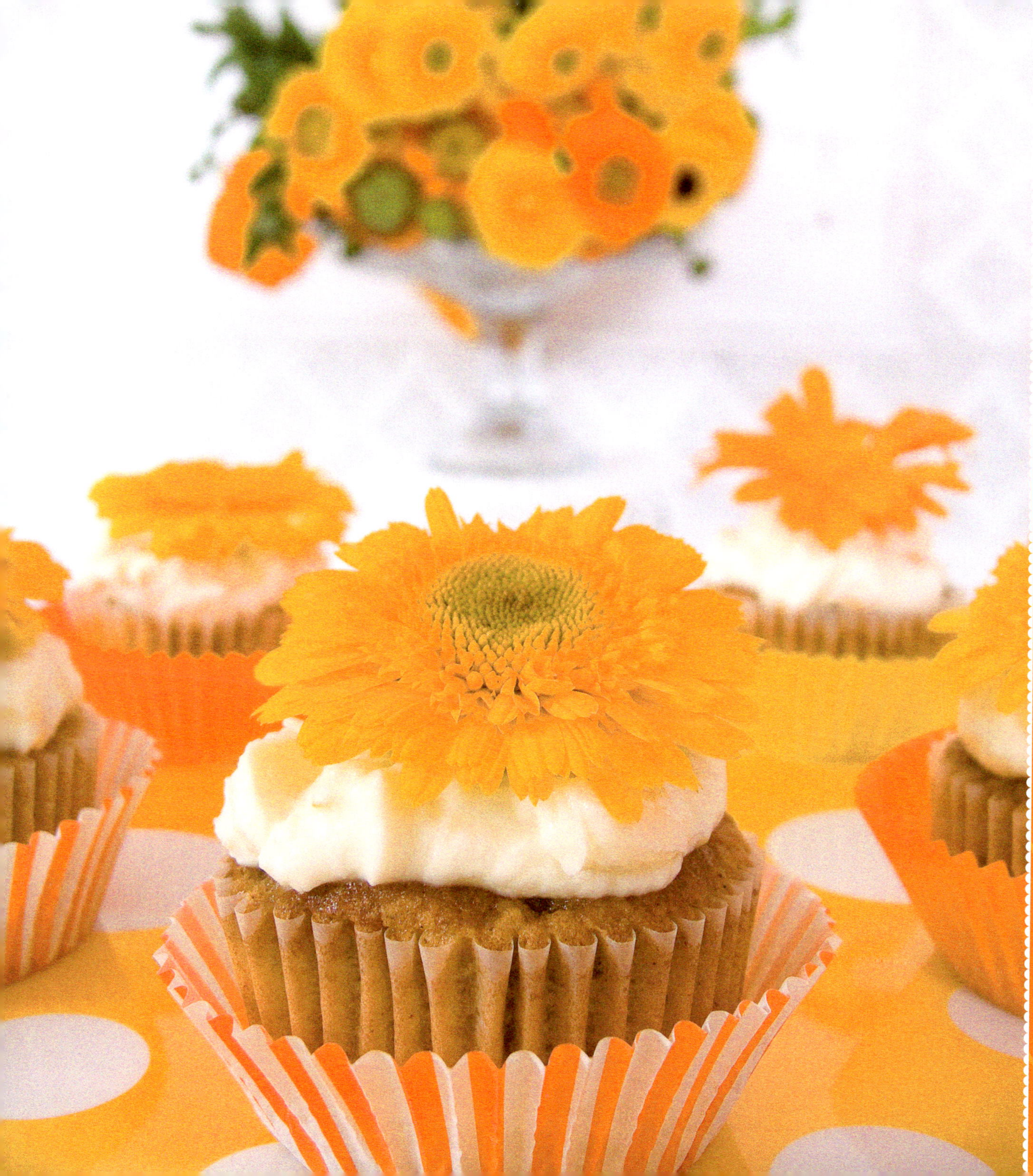

Orangen-Cupcakes mit Kumquat-7-Minute-Icing

Kandierte Früchte sind oft einfach nur süß, aber kandierte Kumquats haben immer noch eine erfrischende und leicht säuerliche Note. Dadurch passen sie perfekt zu dem doch ziemlich süßen, aber unwiderstehlich leckeren 7-Minute-Icing. Auch ihre Handhabung ist ganz einfach, da sie vollständig – mit Schale und Kernen – verzehrt werden können.

Zubereitung

Für den Teig Eier und Zucker schaumig schlagen. Die Butter dazugeben und gut vermischen. Backpulver, Orangenschale, Salz und Mehl kurz unterrühren und langsam den Joghurt hinzufügen.

Den Teig in die mit Papierbackförmchen ausgelegte Muffinform füllen. Im vorgeheizten Backofen bei 180 °C ca. 30 Minuten backen.

Für das Icing Eiweiße, Zucker und Weinstein im kochenden Wasserbad etwa 3–4 Minuten aufschlagen. Aus dem Wasserbad nehmen und weiterrühren, bis sich glänzende Spitzen bilden. Das dauert etwa 7 Minuten. Die kandierten Kumquats hacken und unterheben.

Die Masse mit einem Spachtel auf den ausgekühlten Cupcakes verteilen. Besonders schön sieht es aus, wenn man einige Cremespitzen nach oben zieht. Die Zuckerstreusel über die Cupcakes streuen.

Für die Cupcakes

2 Eier
115 g Zucker
90 g weiche Butter
½ Päckchen Backpulver
1 TL abgeriebene Orangenschale
1 Prise Salz
200 g Mehl
150 g Orangenjoghurt

Für das Icing

2 frische Eiweiße
100 g Zucker
¼ TL Weinstein-Backpulver
4 kandierte Kumquats

&

Zuckerstreusel

Zutaten für 12 Cupcakes
Zubereitung: 30 Minuten
Backzeit: ca. 30 Minuten

Schokosplitter-Cupcakes mit Physalis-7-Minute-Icing

Für die Cupcakes

2 Eier

150 g Zucker

120 g weiche Butter

2 TL Backpulver

1 Prise Salz

175 g Mehl

120 ml Milch

50 g fein gehackte Schokolade

Für das Icing

2 frische Eiweiße

100 g Zucker

¼ TL Weinstein-Backpulver

12 Physalis

&

12 Physalis

Zutaten für 12 Cupcakes

Zubereitung: 30 Minuten

Backzeit: ca. 30 Minuten

Die Physalis ist auch unter dem Namen Kapstachelbeere bekannt und wird hauptsächlich zur Dekoration verwendet. Diese Cupcakes werden aber sicher jeden davon überzeugen, dass die Physalis zu mehr bestimmt ist als nur zu schmückendem Beiwerk, obwohl sie natürlich wirklich toll aussieht mit ihrer Lampionhülle.

Zubereitung

Für den Teig Eier und Zucker schaumig schlagen. Die Butter zufügen und gut verrühren. Backpulver, Salz und Mehl unterheben, langsam die Milch dazugeben und alles vermischen. Die fein gehackte Schokolade hinzufügen.

Den Teig in die mit Papierbackförmchen ausgelegte Muffinform füllen. Im vorgeheizten Backofen bei 180 °C ca. 30 Minuten backen.

Für das Icing Eiweiße, Zucker und Weinstein im kochenden Wasserbad etwa 3–4 Minuten aufschlagen. Aus dem Wasserbad nehmen und weiterrühren, bis sich glänzende Spitzen bilden. Das dauert etwa 7 Minuten. Die Physalis waschen, abtrocknen und unzerteilt unterheben.

Die Masse mit einem Spachtel auf den ausgekühlten Cupcakes verteilen. Besonders schön sieht es aus, wenn man einige Cremespitzen nach oben zieht. Die Cupcakes mit je einer Physalis dekorieren.

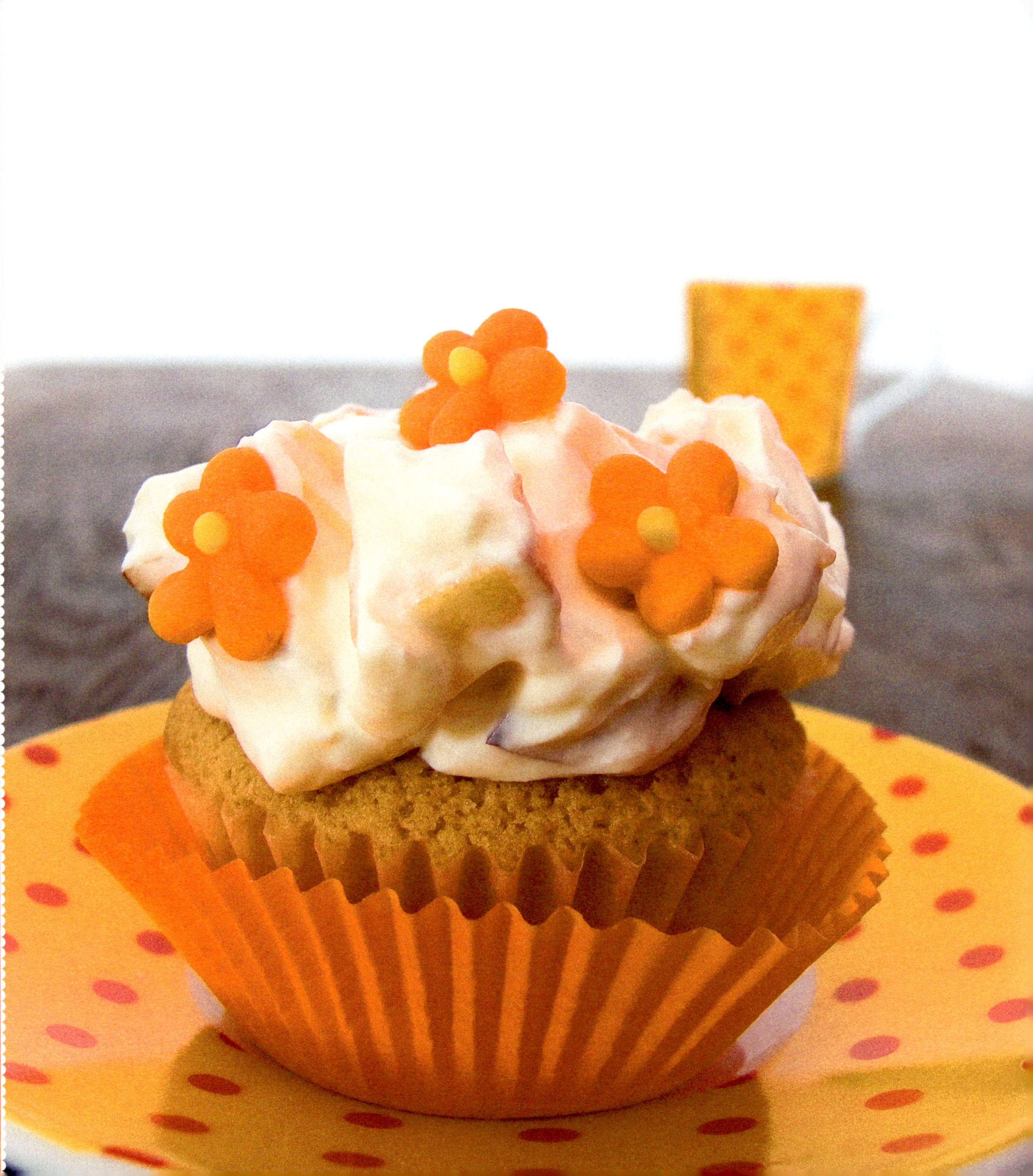

Kokosnuss-Cupcakes mit Pfirsich-Frischkäse-Creme

Kokosnüsse sind nicht nur in der Küche vielfältig verwendbar, auch bei Filmaufnahmen kamen sie früher häufig zum Einsatz: Da galoppierende Pferde meistens nicht deutlich genug zu hören waren, imitierte man das Geklapper der Hufe mit Kokosnusshälften. Monty Pythons wunderbarer Film „Ritter der Kokosnuss" ist eine Anspielung darauf – hier sind die Pferde durch Kokosnüsse ersetzt!

Zubereitung

Für den Teig die Butter schmelzen. Die Eier trennen und die Eigelbe mit dem Zucker schaumig rühren. Butter langsam hinzufügen. Die restlichen Zutaten bis auf die Eiweiße unter die Butter-Zucker-Mischung rühren. Die Eiweiße steif schlagen und unterheben.

Den Teig in die mit Papierbackförmchen ausgelegte Muffinform füllen. Im vorgeheizten Backofen bei 180 °C ca. 30 Minuten backen.

Für die Creme den Pfirsich waschen, das Pfirsichfleisch ablösen und in kleine Würfelchen schneiden. Die Butter schaumig rühren, Frischkäse und Puderzucker dazugeben und gut vermischen. Die Pfirsichwürfelchen unter die Frischkäse-Creme heben.

Die Creme mit einem Löffel auf den ausgekühlten Cupcakes verteilen und mit einem Messer glatt streichen. Mit den Zuckerblumen dekorieren.

Für die Cupcakes

200 g Butter

3 Eier

200 g Zucker

1 Päckchen Vanillezucker

1 Prise Salz

2 EL Orangeat

2 EL Rosinen

2 EL Zitronensaft

1 EL Zitronat

150 g Kokosraspel

2 EL klein gehackte Zartbitterschokolade

2 EL gehobelte Mandeln

60 g Mehl

Für die Creme

1 Pfirsich

80 g weiche Butter

300 g Doppelrahmfrischkäse

40 g Puderzucker

Zuckerblumen

Zutaten für 12 Cupcakes
Zubereitung: 40 Minuten
Backzeit: ca. 30 Minuten

Rotwein-Cupcakes mit Aprikosen-Buttercreme

Für die Cupcakes

3 Eier
150 g Zucker
150 g weiche Butter
1 Päckchen Vanillezucker
½ TL Zimt
1 TL Kakao
1 TL Backpulver
190 g Mehl
100 ml Rotwein
75 g Schokostreusel

Für die Creme

½ l Milch
4 frische Eier
45 g Speisestärke
100 g Zucker
1 Päckchen Vanillezucker
150 g weiche Süßrahmbutter
170 g Aprikosenmarmelade

Zuckersternchen

Zutaten für 12 Cupcakes
Zubereitung: 1 Stunde
Backzeit: ca. 40 Minuten

Da den Quäkern aus religiösen Gründen die meisten Genussmittel verboten waren, versuchte Anfang des 19. Jahrhunderts John Cadbury als Alternative zu Alkohol mit Kakao und Schokolade ein Geschäft aufzubauen und war sehr erfolgreich. Trotzdem verwenden wir für unsere Cupcakes neben Schokolade auch noch etwas Rotwein.

Zubereitung

Zunächst für die Creme einen Pudding zubereiten. Dazu 6 EL Milch, die Eigelbe und die Speisestärke verrühren. Die übrige Milch mit Zucker und Vanillezucker zum Kochen bringen. Die angerührte Speisestärke hinzufügen und kurz aufkochen lassen. Den Pudding vom Herd nehmen und erkalten lassen, dabei ab und an umrühren.

Für den Teig Eier und Zucker schaumig schlagen. Butter dazugeben und gut vermengen. Vanillezucker, Zimt, Kakao, Backpulver und Mehl hinzufügen und kurz unterrühren. Vorsichtig den Rotwein untermischen und die Schokostreusel unterheben.

Den Teig in die mit Papierbackförmchen ausgelegte Muffinform füllen. Im vorgeheizten Backofen bei 180 °C ca. 40 Minuten backen.

Für die Creme sollten alle Zutaten Zimmertemperatur haben. Die Butter schaumig schlagen. Bei geringer Geschwindigkeit des Rührgerätes den Pudding löffelweise dazugeben und gut vermischen. Ebenso vorsichtig die Marmelade portionsweise unterrühren. 1 Stunde kühl stellen.

Die Creme mit einem Spritzbeutel (Tülle 10) auf die ausgekühlten Cupcakes spritzen. Die Cupcakes mit Zuckersternchen dekorieren .

Violett

Schoko-Walnuss-Cupcakes mit schwarzem Johannisbeer-Icing

Für die Cupcakes

85 g Zartbitterschokolade
2 Eier
135 g Zucker
120 g weiche Butter
½ TL Backpulver
¼ TL Natron
¼ TL Salz
100 g Mehl
80 ml Buttermilch
50 g gehackte Walnüsse

Für das Icing

2 frische Eiweiße
100 g Zucker
¼ TL Weinstein-Backpulver
100 g schwarze Johannisbeeren

schwarze Johannisbeeren

Zutaten für 12 Cupcakes
Zubereitung: 35 Minuten
Backzeit: ca. 30 Minuten

Walnüsse werden bereits seit ca. 9000 Jahren verspeist, aber zu uns sind sie wahrscheinlich erst durch die Römer gelangt. Nach Amerika kamen sie im 18. Jahrhundert und obwohl Kalifornien heute der größte Walnussexporteur ist, wurde dort erst 1867 mit dem kommerziellen Anbau begonnen. Am liebsten esse ich heimische Walnüsse von Streuobstwiesen, die im Herbst auf dem Markt verkauft werden.

Zubereitung

Für den Teig die Zartbitterschokolade im kochenden Wasserbad schmelzen und beiseitestellen. Eier und Zucker schaumig schlagen, Butter zufügen und gut vermengen. Dann die etwas abgekühlte Schokolade unter die Buttermischung arbeiten. Backpulver, Natron, Salz und Mehl kurz mit dem Teig verrühren. Die Buttermilch und die gehackten Walnüsse untermischen.

Den Teig in die mit Papierbackförmchen ausgelegte Muffinform füllen. Im vorgeheizten Backofen bei 180 °C ca. 30 Minuten backen.

Für das Icing Eiweiße, Zucker und Weinstein im kochenden Wasserbad etwa 3–4 Minuten aufschlagen. Aus dem Wasserbad nehmen und weiterrühren, bis sich glänzende Spitzen bilden. Das dauert etwa 7 Minuten, daher der Name „7-Minute-Icing". Die Johannisbeeren waschen, von den Stielen befreien und unterheben.

Die Masse mit einem Spachtel auf den ausgekühlten Cupcakes verteilen und mit ein paar Johannisbeeren dekorieren.

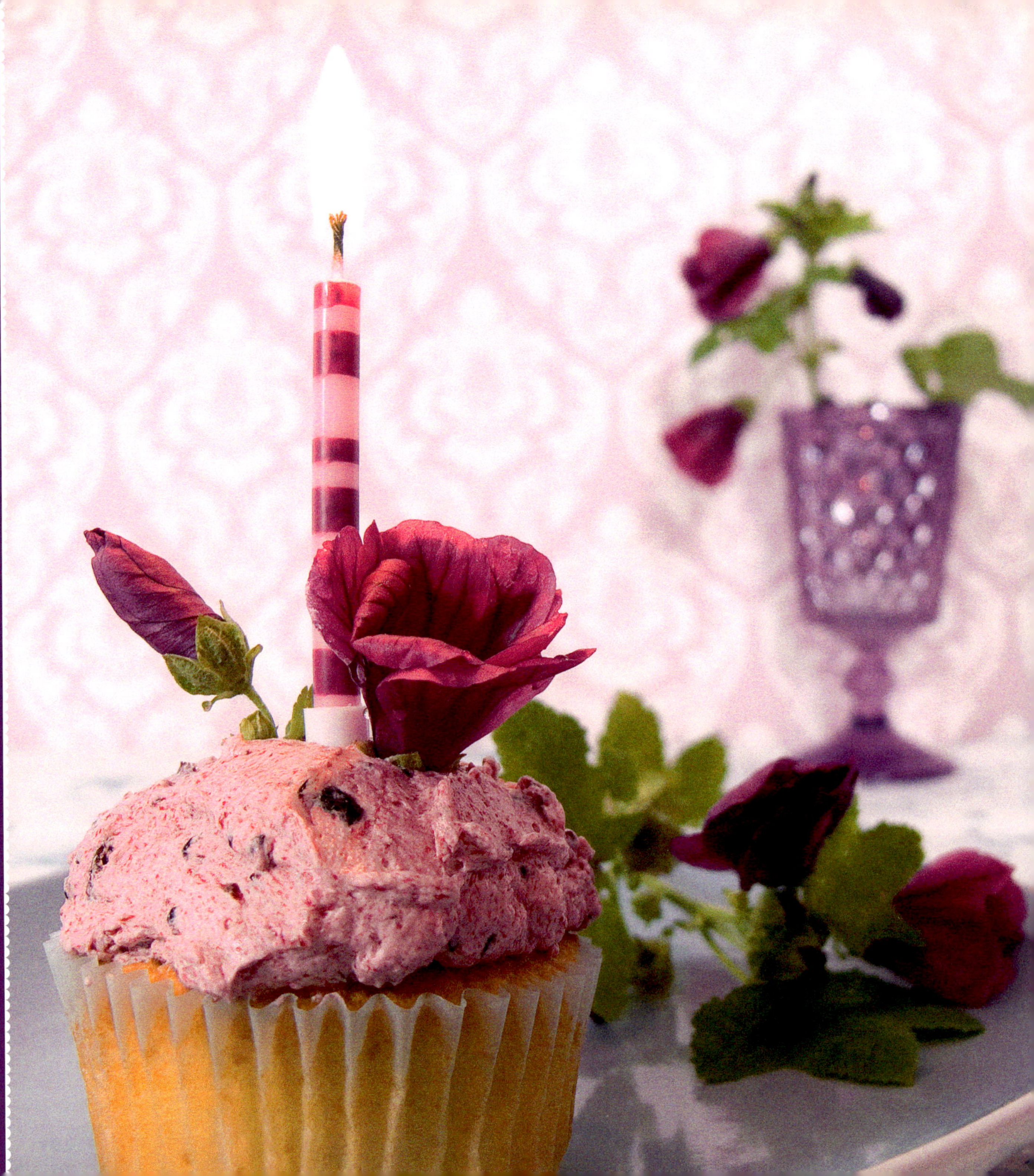

Kokos-Cupcakes mit Johannis-beer-Meringue-Buttercreme

Wenn Sie in Frankreich Urlaub machen, dann sollten Sie in einer Bäckerei nicht nach einem „Baiser" fragen. Obwohl das in Deutschland die typische Bezeichnung für dieses aus Zucker und Eischnee bestehende Schaumgebäck ist, kennt man es in Frankreich – wie auch in anderen Ländern – unter dem Namen „Meringue". Das Wort „baiser" heißt auf Französisch übrigens „küssen".

Zubereitung

Für den Teig die Butter schmelzen. Die Eier trennen und die Eigelbe mit dem Zucker schaumig rühren. Die Butter langsam hinzufügen. Die restlichen Zutaten bis auf die Eiweiße unter die Butter-Zucker-Mischung rühren. Eiweiße steif schlagen und unterheben.

Den Teig in die mit Papierbackförmchen ausgelegte Muffinform füllen. Im vorgeheizten Backofen bei 180 °C ca. 30 Minuten backen.

Für die Creme die Eiweiße und den Zucker im kochenden Wasserbad schaumig rühren, bis sich der Zucker aufgelöst hat. Aus dem Wasserbad nehmen und 5–6 Minuten weiterrühren, bis die Masse abgekühlt ist und feste Spitzen bildet. Die weiche Butter mit dem Rührgerät bei mittlerer Geschwindigkeit nach und nach unter die Eiweißmasse rühren. Ca. 2 Minuten auf kleinster Stufe weiterrühren. Die Marmelade mit einem Spachtel unterheben.

Die Creme mit einem Spachtel auf den ausgekühlten Cupcakes verteilen und mit Malvenblüten dekorieren.

Für die Cupcakes

200 g Butter

3 Eier

200 g Zucker

1 Päckchen Vanillezucker

1 Prise Salz

2 EL Orangeat

2 EL Rosinen

2 EL Zitronensaft

1 EL Zitronat

150 g Kokosraspel

2 EL klein gehackte
Zartbitterschokolade

2 EL gehobelte Mandeln

60 g Mehl

Für die Creme

2 frische Eiweiße

125 g Zucker

180 g weiche Butter

170 g schwarze
Johannisbeermarmelade

12 ungespritzte Malvenblüten

Zutaten für 12 Cupcakes
Zubereitung: 40 Minuten
Backzeit: ca. 30 Minuten

Espresso-Nuss-Cupcakes mit schwarzer Johannisbeer-Creme

Für die Cupcakes

3 TL Espressopulver
1 TL heißes Wasser
70 g Zartbitterschokolade
115 g weiche Butter
180 g gemahlene Haselnüsse
3 Eier
85 g Zucker

Für die Creme

80 g weiche Butter
300 g Doppelrahmfrischkäse
40 g Puderzucker
100 g schwarze Johannisbeeren
4 EL schwarzer Johannisbeersirup

&

12 ungespritzte Geranienblüten

Zutaten für 12 Cupcakes
Zubereitung: 30 Minuten
Backzeit: ca. 40 Minuten

Johannisbeeren werden meist nach dem Johannistag reif, dem Namenstag des hl. Johannes des Täufers am 24. Juni, daher ihr Name. In den nordischen Ländern feiert man dann auch das Mittsommernachtsfest. Oft wurden in den verschiedenen Kulturen und Religionen bereits bestehende Feiertage integriert und umbenannt. Ich feiere immer gerne und erfreue mich an diesen unwiderstehlichen Cupcakes.

Zubereitung

Für den Teig Espressopulver in 1 TL heißem Wasser auflösen und mit der in Stücke zerbrochenen Schokolade und der Butter im kochenden Wasserbad schmelzen. Abkühlen lassen und anschließend die Haselnüsse untermischen. Die Eier trennen und die Eigelbe mit dem Zucker schaumig rühren. Die Schokoladenmischung untermengen. Die Eiweiße steif schlagen und unterheben.

Den Teig in die mit Papierbackförmchen ausgelegte Muffinform füllen. Im vorgeheizten Backofen bei 160 °C ca. 40 Minuten backen.

Für die Creme die Butter schaumig rühren, Frischkäse und Puderzucker dazugeben und gut vermischen. Die Johannisbeeren abwaschen, von den Stielen befreien und mit dem Sirup unter die Frischkäse-Creme heben.

Die Creme mit einem Spachtel auf den ausgekühlten Cupcakes verteilen und mit einer Geranienblüte dekorieren.

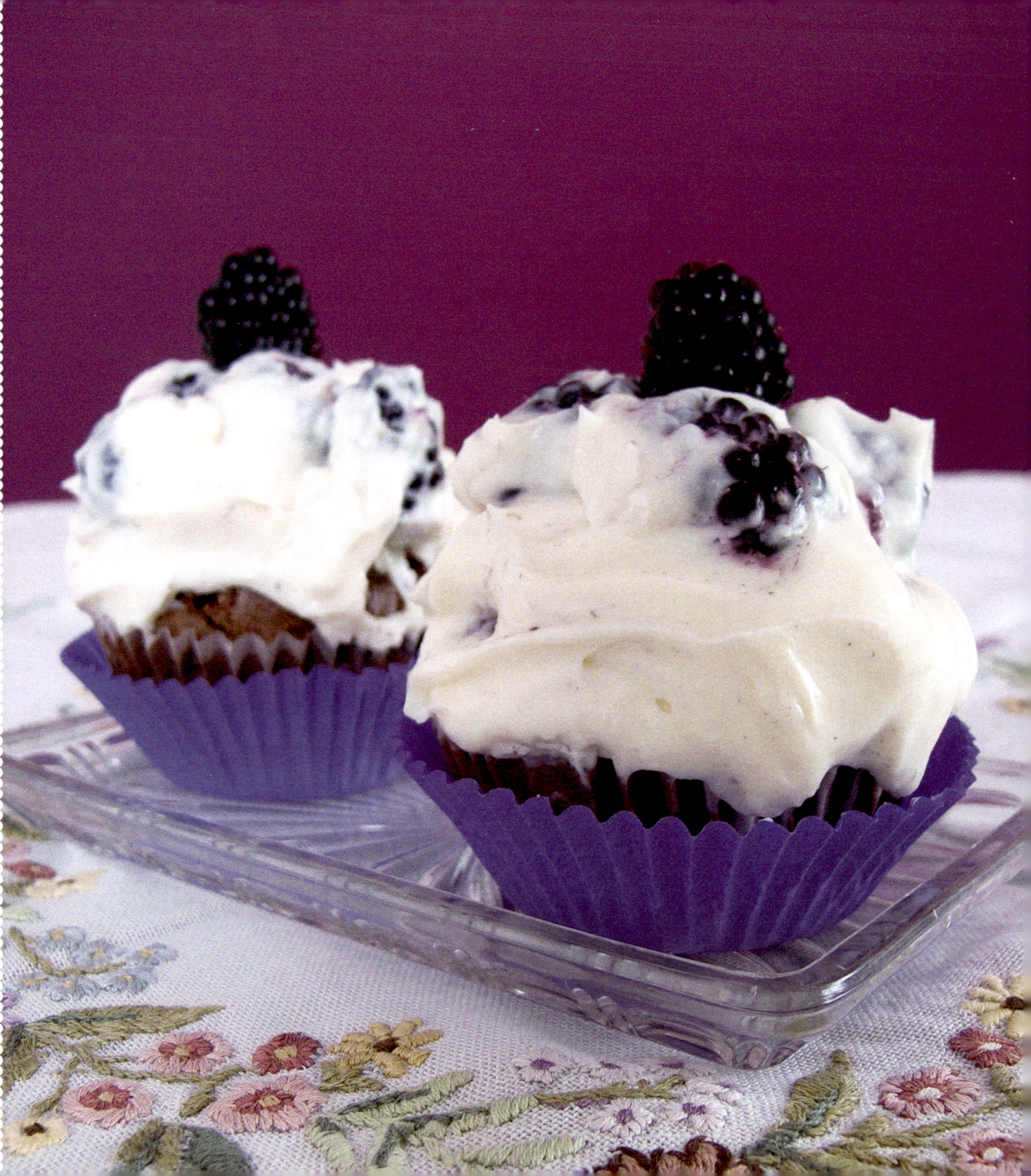

Schoko-Orangen-Cupcakes mit Brombeer-Mascarpone-Creme

Nach einer Legende, die auf den britischen Inseln verbreitet ist, soll man Brombeeren nicht nach dem Michaelmas Day, dem 29. September, pflücken: An diesem Tag flog Luzifer aus dem Himmel und landete in einem Brombeerstrauch, den er daraufhin für den Rest des Jahres verfluchte. Aber bis dahin können wir auf jeden Fall ungestraft diese teuflisch guten Cupcakes genießen – und natürlich auch darüber hinaus.

Zubereitung

Für den Teig die Zartbitterschokolade im kochenden Wasserbad schmelzen und beiseitestellen. Eier und Zucker schaumig schlagen, Butter zufügen und gut vermengen. Dann die etwas abgekühlte Schokolade unter die Buttermischung arbeiten. Backpulver, Natron, Salz und Mehl kurz mit dem Teig verrühren. Die Buttermilch und die Schale der Orange untermischen.

Den Teig in die mit Papierbackförmchen ausgelegte Muffinform füllen. Im vorgeheizten Backofen bei 180 °C ca. 30 Minuten backen.

Für die Creme Mascarpone, Frischkäse und Puderzucker miteinander vermengen. Die Brombeeren unter die Mascarpone-Creme heben.

Die Creme mit einem Spachtel auf den ausgekühlten Cupcakes verteilen und mit einer Brombeere dekorieren.

Für die Cupcakes

85 g Zartbitterschokolade
2 Eier
135 g Zucker
120 g weiche Butter
½ TL Backpulver
¼ TL Natron
¼ TL Salz
100 g Mehl
80 ml Buttermilch
abgeriebene Schale von 1 Orange

Für die Creme

170 g Mascarpone
300 g Doppelrahmfrischkäse
110 g Puderzucker
125 g Brombeeren

&

12 Brombeeren

Zutaten für 12 Cupcakes
Zubereitung: 35 Minuten
Backzeit: ca. 30 Minuten

Schokoladen-Cupcakes mit Heidelbeer-Mascarpone-Creme

Für die Cupcakes

140 g Blockschokolade
140 g Butter
140 g Zucker
2 Eier
140 g Mehl

Für die Creme

170 g Mascarpone
300 g Doppelrahmfrischkäse
110 g Puderzucker
200 g Heidelbeeren

##

Heidelbeeren

Zutaten für 12 Cupcakes
Zubereitung: 30 Minuten
Backzeit: ca. 30 Minuten

Bei Heidelbeeren fällt mir eine nette Geschichte ein, die ich über zwei ältere Freundinnen in Schweden gehört habe. Sie wollten Heidelbeeren suchen, aber da ihr Platz schon abgeerntet war, suchten die beiden stattdessen ein paar schöne Steine und – wie im Märchen – fanden dabei die wohl größte Goldader Schwedens.

Zubereitung

Für den Teig Schokolade und Butter im kochenden Wasserbad schmelzen und vermischen. Zucker und Eier schaumig schlagen und das Mehl unterheben. Die geschmolzene Schokoladenmischung mit der Mehlmasse vermengen.

Den Teig in die mit Papierbackförmchen ausgelegte Muffinform füllen. Im vorgeheizten Backofen bei 175 °C ca. 30 Minuten backen.

Für die Creme Mascarpone, Frischkäse und Puderzucker miteinander verrühren. Die Heidelbeeren waschen und unter die Mascarpone-Creme heben.

Die Creme mit einem Spachtel auf den ausgekühlten Cupcakes verteilen und mit ein paar Heidelbeeren dekorieren.

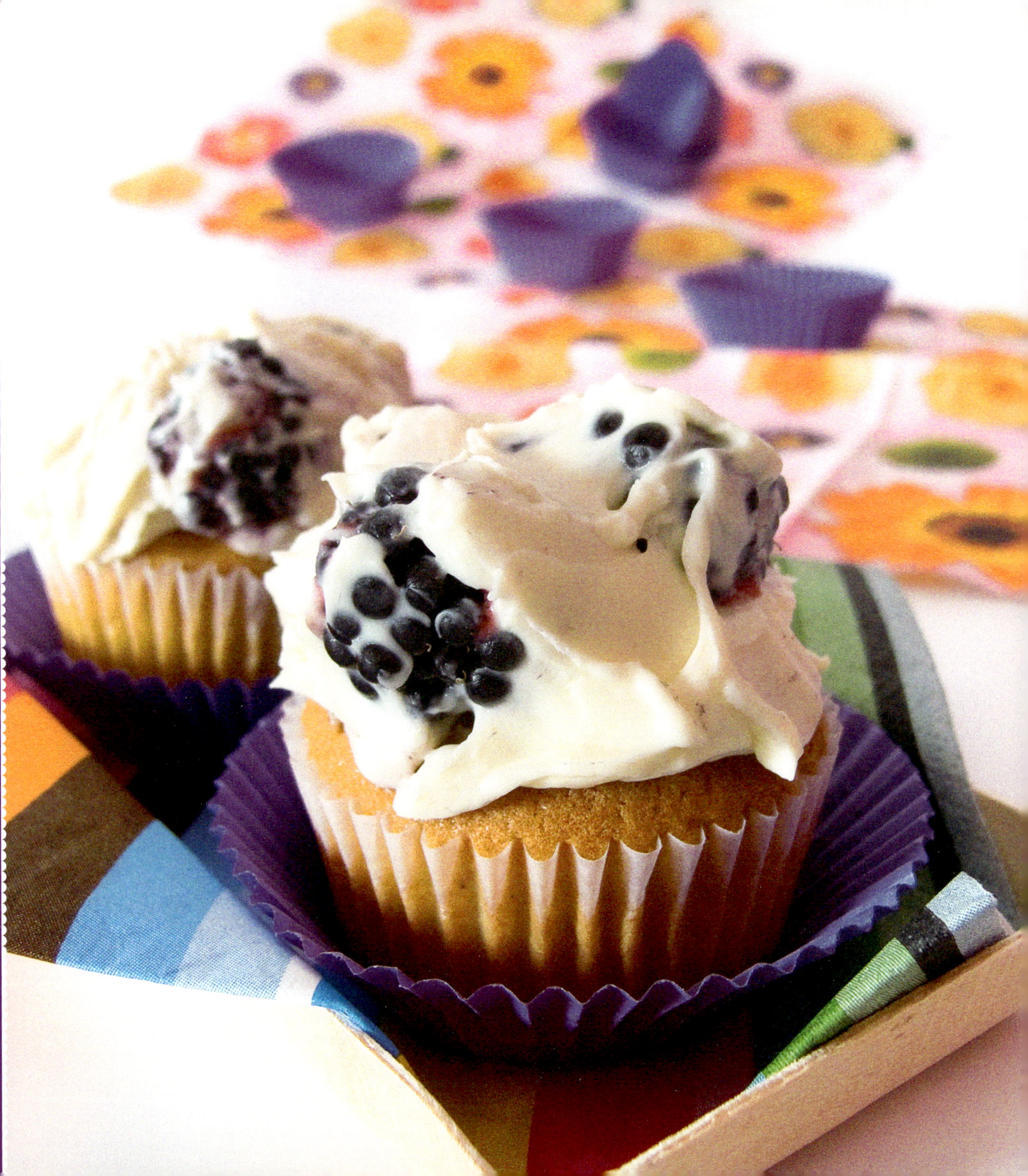

Apfel-Cupcakes mit weißer Schokoladen-Brombeer-Creme

Haferflocken schmecken nicht nur im Frühstücksmüsli, sondern sind auch zum Backen sehr gut geeignet. Der Begriff Zerealien, den man für alle Getreideflocken verwendet, geht übrigens auf die römische Göttin Ceres zurück, die wie Demeter in der griechischen Mythologie den Menschen den Getreideanbau vermittelt hat.

Zubereitung

Für den Teig Eier und Zucker schaumig schlagen. Öl dazugeben und gut vermengen. Backpulver, Natron, Zimt, Salz und Mehl hinzufügen und kurz unterrühren. Apfel, Haferflocken und Mandeln unterheben.

Den Teig in die mit Papierbackförmchen ausgelegte Muffinform füllen. Im vorgeheizten Backofen bei 175 °C ca. 40 Minuten backen.

Für die Creme die Schokolade im kochenden Wasserbad schmelzen, bis eine homogene Masse ohne Klümpchen entsteht, dazu gelegentlich umrühren. Aus dem Wasserbad nehmen und 10–15 Minuten abkühlen lassen. Butter und Frischkäse ca. 3 Minuten schaumig rühren, die noch lauwarme geschmolzene Schokolade dazugeben und alles gut vermischen. Die Brombeeren unterheben.

Die Creme mit einem Spachtel auf den ausgekühlten Cupcakes verteilen.

Für die Cupcakes

2 Eier
140 g Zucker
100 ml Pflanzenöl
1 TL Backpulver
1 TL Natron
½ TL Zimt
1 Prise Salz
100 g Mehl
1 grob geraspelter Apfel
30 g feine Haferflocken
40 g gehackte Mandeln

Für die Creme

200 g weiße Schokolade
40 g weiche Butter
200 g Doppelrahmfrischkäse
125 g Brombeeren

Zutaten für 12 Cupcakes
Zubereitung: 45 Minuten
Backzeit: ca. 40 Minuten

Heidelbeer-Cupcakes mit Heidelbeer-Buttercreme

Für die Cupcakes

2 Eier
175 g Zucker
50 g weiche Butter
30 g saure Sahne
250 g Mehl
1 TL Backpulver
1 Prise Salz
½ TL abgeriebene Zitronenschale
90 ml Milch
150 g Heidelbeeren

Für die Creme

½ l Milch
45 g Speisestärke
100 g Zucker
1 Päckchen Vanillezucker
150 g weiche Süßrahmutter
170 g Heidelbeermarmelade

Zuckerherzen

Zutaten für 12 Cupcakes
Zubereitung: 1 Stunde
Backzeit: ca. 30 Minuten

„Huckleberry" bedeutet auf Englisch Heidelbeere, und es gibt verschiedene Geschichten darüber, was Mark Twain dazu bewegt hat, seine berühmte Romanfigur so zu nennen. So bedeutet Huckleberry unter anderem auch, im amerikanischen Slang, der im Roman häufig verwendet wird, „der richtige Mann für den Job". Aber vielleicht wurde der Autor auch einfach von diesen köstlichen Beeren dazu angeregt.

Zubereitung

Zunächst für die Creme einen Pudding zubereiten. Dazu 6 EL Milch und die Speisestärke verrühren. Die übrige Milch mit Zucker und Vanillezucker zum Kochen bringen. Die angerührte Speisestärke hinzufügen und kurz aufkochen lassen. Den Pudding vom Herd nehmen und erkalten lassen, dabei ab und an umrühren.

Für den Teig Eier und Zucker schaumig schlagen. Die Butter unterrühren. Saure Sahne, Mehl, Backpulver, Salz und Zitronenschale zufügen und vermengen. Die Milch vorsichtig dazugeben und kurz vermischen. Die Heidelbeeren unterheben.

Den Teig in die mit Papierbackförmchen ausgelegte Muffinform füllen. Im vorgeheizten Backofen bei 180 °C ca. 30 Minuten backen.

Für die Creme sollten alle Zutaten Zimmertemperatur haben. Die Butter schaumig schlagen. Bei geringer Geschwindigkeit des Rührgerätes den Pudding löffelweise dazugeben und gut vermischen. Ebenso vorsichtig die Marmelade portionsweise unterrühren. 1 Stunde kühl stellen.

Die Creme mit einem Spritzbeutel (Tülle 10) auf die ausgekühlten Cupcakes spritzen. Zum Schluss jeden Cupcake mit Zuckerherzen dekorieren.

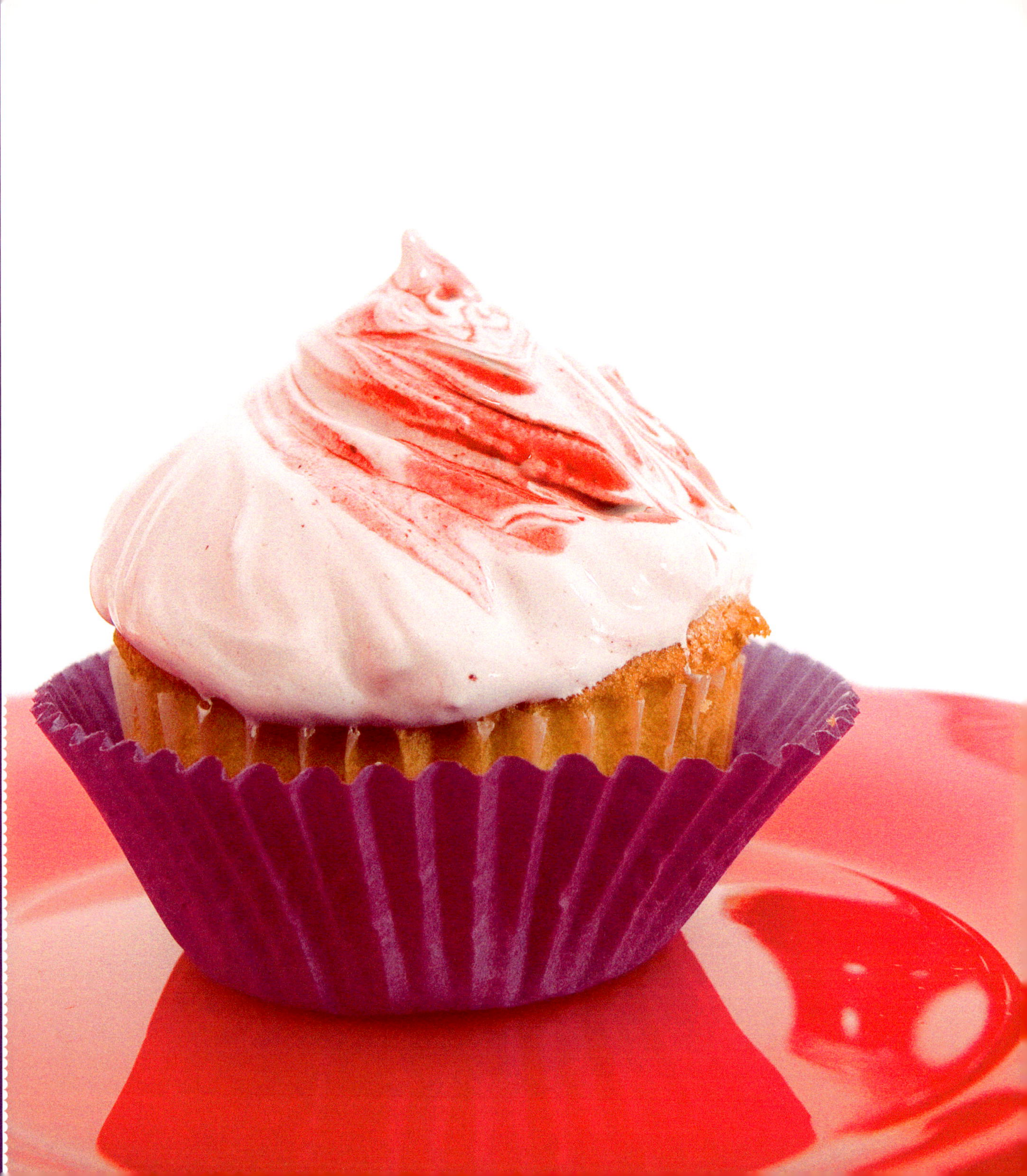

Eierlikör-Cupcakes mit Holunder-Cassis-7-Minute-Icing

Angeblich soll Schokolade Roald Amundsen, dem norwegischen Polarforscher, der 1911 als Erster den Südpol erreichte, das Überleben gesichert haben. Nun ja, wenn sie für uns auch nicht lebensnotwendig ist, so versüßt die Schokolade in diesen sensationellen Cupcakes doch auf sehr schmackhafte Weise das Leben!

Zubereitung

Für den Teig Eier und Zucker schaumig schlagen. Butter dazugeben und gut vermengen. Vanillezucker, Backpulver und Mehl hinzufügen und kurz unterrühren. Vorsichtig den Eierlikör untermischen und die Schokostreusel unterheben.

Den Teig in die mit Papierbackförmchen ausgelegte Muffinform füllen. Im vorgeheizten Backofen bei 150 °C ca. 35 Minuten backen.

Für das Icing Eiweiße, Zucker und Weinstein im kochenden Wasserbad etwa 3–4 Minuten aufschlagen. Aus dem Wasserbad nehmen und weiterrühren, bis sich glänzende Spitzen bilden. Das dauert etwa 7 Minuten. Den Sirup unterheben.

Die Masse mit einem Spachtel auf den erkalteten Cupcakes verteilen. Besonders schön sieht es aus, wenn man einige Cremespitzen nach oben zieht. Eine Kuchengabel in den Sirup tauchen und damit die Creme verzieren.

Für die Cupcakes

2 Eier
80 g Zucker
125 g weiche Butter
1 ½ Päckchen Vanillezucker
1 TL Backpulver
175 g Mehl
100 ml Eierlikör
100 g Schokostreusel

Für das Icing

2 frische Eiweiße
100 g Zucker
¼ TL Weinstein-Backpulver
6 EL Holunder-Cassis-Sirup

&

Holunder-Cassis-Sirup

Zutaten für 12 Cupcakes
Zubereitung: 30 Minuten
Backzeit: ca. 35 Minuten

Mandel-Cupcakes mit Holunder-Buttercreme

Für die Cupcakes

2 Eier
200 g Zucker
120 g weiche Butter
200 g Quark
½ TL Backpulver
¼ TL Natron
¼ TL Salz
50 g gehackte Mandeln
120 g Mehl

Für die Creme

½ l Milch
45 g Speisestärke
100 g Zucker
1 Päckchen Vanillezucker
150 g Süßrahmbutter
170 g Holundergelee

Zuckerblumen

Zutaten für 12 Cupcakes
Zubereitung: ca. 1 Stunde
Backzeit: ca. 30 Minuten

In Schweden versteckt man zu Weihnachten eine Mandel im Pudding. In England gibt es zu Halloween eine ähnliche Tradition. Dort wird aber ein Geldstück oder ein Ring als Symbol für Reichtum oder eine bevorstehende Hochzeit im Pudding versteckt. Obwohl ich britische Traditionen wirklich sehr mag, ziehe ich in diesem Fall die Mandel als Glückssymbol vor.

Zubereitung

Zunächst für die Creme einen Pudding zubereiten. Dazu 6 EL Milch und die Speisestärke verrühren. Die übrige Milch mit Zucker und Vanillezucker zum Kochen bringen. Die angerührte Speisestärke hinzufügen und kurz aufkochen lassen. Den Pudding vom Herd nehmen und erkalten lassen, dabei ab und an umrühren.

Für den Teig Eier und Zucker schaumig schlagen, Butter zufügen und gut vermischen. Den Quark dazugeben. Backpulver, Natron, Salz, gehackte Mandeln und Mehl kurz unterrühren.

Den Teig in die mit Papierbackförmchen ausgelegte Muffinform füllen. Im vorgeheizten Backofen bei 180 °C ca. 30 Minuten backen.

Für die Creme sollten alle Zutaten Zimmertemperatur haben. Die Butter schaumig schlagen. Bei geringer Geschwindigkeit des Rührgerätes den Pudding löffelweise dazugeben und gut vermischen. Ebenso vorsichtig das Holundergelee portionsweise unterrühren. 1 Stunde kühl stellen.

Die Creme mit einem Spritzbeutel (Tülle 10) auf die ausgekühlten Cupcakes spritzen. Zum Schluss jeden Cupcake mit Zuckerblumen dekorieren.

Rosarot

Rhabarber-Cupcakes mit Erdbeer-Meringue-Buttercreme

Für die Cupcakes

1 Stange Rhabarber
2 EL Zucker
2 Eier
115 g Zucker
90 g weiche Butter
½ Päckchen Backpulver
1 Prise Salz
200 g Mehl
150 g Erdbeerjoghurt

Für die Creme

2 frische Eiweiße
125 g Zucker
180 g weiche Süßrahmbutter
170 g Erdbeermarmelade

12 Erdbeeren

Zutaten für 12 Cupcakes
Zubereitung: 40 Minuten
Backzeit: ca. 30 Minuten

Als ich klein war und meine Eltern den Beatles-Song „Strawberry fields forever" hörten, stellte ich mir immer ein gigantisches Erdbeerfeld vor und mir lief das Wasser im Mund zusammen. Später erfuhr ich, dass es ein Waisenhaus in Liverpool war, auf dessen Gelände John Lennon wohl spielte, als er klein war. Ich fand das damals ziemlich enttäuschend. Aber diese Cupcakes entschädigen dafür.

Zubereitung

Den Rhabarber schälen und in kleine Stücke schneiden, 2 EL Zucker darüberstreuen und beiseitestellen. Eier und Zucker schaumig schlagen. Die Butter zugeben und vermengen. Backpulver, Salz und Mehl kurz unterrühren, langsam den Joghurt hinzufügen. Zuletzt den abgetropften Rhabarber unterheben.

Den Teig in die mit Papierbackförmchen ausgelegte Muffinform füllen. Im vorgeheizten Backofen bei 180 °C ca. 30 Minuten backen.

Für die Creme die Eiweiße und den Zucker im kochenden Wasserbad schaumig schlagen, bis sich der Zucker aufgelöst hat. Aus dem Wasserbad nehmen und 5–6 Minuten weiterrühren, bis die Masse abgekühlt ist und feste Spitzen bildet. Die weiche Butter mit dem Rührgerät bei mittlerer Geschwindigkeit nach und nach unter die Eiweißmasse arbeiten. Ca. 2 Minuten auf kleinster Stufe weiterrühren. Die Marmelade mit einem Spachtel unterheben.

Die Creme mit einem Spritzbeutel (Tülle 10) auf die ausgekühlten Cupcakes spritzen und mit einer Erdbeere garnieren.

Amaretti-Cupcakes mit Himbeer-Mascarpone-Creme

Sie schmecken nicht nur zum Cappuccino oder Espresso: Amaretti, die kleinen italienischen Makronen, die aus süßen Mandeln und Bittermandeln hergestellt werden, geben auch diesen Cupcakes das besondere Etwas. Erfunden haben soll diese köstlichen Kekse der Zuckerbäcker Francesco Moriondo im 17. Jahrhundert.

Zubereitung

Für den Teig Eier und Zucker schaumig rühren. Dann die Butter hinzufügen und alles gut vermischen. Vanillezucker, Backpulver und Mehl vorsichtig dazugeben. Dann noch die grob zerteilten Amaretti-Kekse unterheben.

Den Teig in die mit Papierbackförmchen ausgelegte Muffinform füllen. Im vorgeheizten Backofen bei 180 °C ca. 30 Minuten backen.

Für die Creme Mascarpone, Frischkäse und Puderzucker miteinander vermengen. Die Himbeeren unter die Mascarpone-Creme heben.

Die Creme mit einem Spachtel auf den ausgekühlten Cupcakes verteilen und mit Zuckerherzen bestreuen.

Für die Cupcakes

3 Eier
170 g Zucker
150 g weiche Butter
1 Päckchen Vanillezucker
1 TL Backpulver
180 g Mehl
50 g Amaretti-Kekse

Für die Creme

170 g Mascarpone
300 g Doppelrahmfrischkäse
110 g Puderzucker
125 g Himbeeren

&

Zuckerherzen

Zutaten für 12 Cupcakes
Zubereitung: 30 Minuten
Backzeit: ca. 30 Minuten

Schoko-Nuss-Cupcakes mit Kirsch-Meringue-Buttercreme

Für die Cupcakes

Für die Cupcakes
115 g weiche Butter
70 g Zartbitterschokolade
180 g gemahlene Haselnüsse
3 Eier
85 g Zucker

Für die Creme

2 frische Eiweiße
125 g Zucker
180 g weiche Butter
170 g Kirschmarmelade

12 kandierte Kirschen

Zutaten für 12 Cupcakes
Zubereitung: 30 Minuten
Backzeit: ca. 40 Minuten

Kirschzweige, die man am 4. Dezember (Barbaratag) schneidet und die an Weihnachten blühen, werden als Glückssymbole betrachtet. Besonders in Japan kommt der Kirsche eine heilige Bedeutung zu. Dort feiert man auch in jedem Frühjahr das Kirschblütenfest, das sich über mehrere Tage erstreckt und das ganze Land in einen Blütentraum verwandelt. Aber auch diese Cupcakes hier sind ein Traum.

Zubereitung

Für den Teig Butter und die in Stücke zerbrochene Schokolade im kochenden Wasserbad schmelzen. Abkühlen lassen und anschließend die Haselnüsse untermischen. Die Eier trennen und die Eigelbe mit Zucker schaumig rühren. Die Schokoladenmischung untermengen. Die Eiweiße steif schlagen und unterheben.

Den Teig in die mit Papierbackförmchen ausgelegte Muffinform füllen. Im vorgeheizten Backofen bei 160 °C ca. 40 Minuten backen.

Für die Creme Eiweiße und Zucker im kochenden Wasserbad schaumig schlagen, bis sich der Zucker aufgelöst hat. Aus dem Wasserbad nehmen und 5–6 Minuten weiterrühren, bis die Masse abgekühlt ist und feste Spitzen bildet. Die weiche Butter mit einem Rührgerät bei mittlerer Geschwindigkeit nach und nach unter die Eiweißmasse arbeiten. Ca. 2 Minuten auf kleinster Stufe weiterrühren. Anschließend die Marmelade mit einem Spachtel unterheben.

Die Creme auf den ausgekühlten Cupcakes verteilen. Zum Schluss das Ganze noch mit einer kandierten Kirsche krönen.

Zitronen-Cupcakes mit Himbeer-Meringue-Buttercreme

Ich kenne niemanden, der Himbeeren nicht mag. Umso mehr erstaunt es mich, dass es eine goldene Himbeere ist, mit der, einen Tag vor der Oscarverleihung, der schlechteste Film des Jahres ausgezeichnet wird. Man kann es aber mit dem Londoner Cockney Rhyming Slang erklären. Darin wird das eigentliche Wort durch einen sich darauf reimenden Ausdruck ersetzt: Auf „fart" reimt sich „raspberry tart" – und so wurde die Himbeere verunglimpft.

Zubereitung

Für den Teig Eier und Zucker schaumig schlagen. Dann die Butter hinzufügen und alles gut vermischen. Die restlichen Zutaten kurz unterrühren.

Den Teig in die Hörnchen füllen. Teigreste am Rand gegebenenfalls mit einem Küchentuch entfernen. Dann die Hörnchen auf einem mit Backpapier ausgelegten Backblech in den vorgeheizten Ofen schieben und bei 180 °C ca. 30 Minuten backen.

Für die Creme die Eiweiße und den Zucker im kochenden Wasserbad schaumig rühren, bis sich der Zucker aufgelöst hat. Aus dem Wasserbad nehmen und 5–6 Minuten weiterrühren, bis die Masse abgekühlt ist und feste Spitzen bildet. Die weiche Butter mit einem Rührgerät bei mittlerer Geschwindigkeit nach und nach unter die Eiweißmasse arbeiten. Ca. 2 Minuten auf kleinster Stufe weiterrühren. Die Marmelade mit einem Spachtel unterheben.

Die Creme mit einem Spritzbeutel (Tülle 10) auf die ausgekühlten Hörnchen spritzen und mit einer Himbeere garnieren.

Für die Cupcakes

3 Eier
170 g Zucker
150 g weiche Butter
1 Päckchen Vanillezucker
180 g Mehl
1 TL Backpulver
abgeriebene Schale von 1 Zitrone
24 Eishörnchen mit flachem Boden

Für die Creme

2 frische Eiweiße
125 g Zucker
180 g weiche Butter
170 g Himbeermarmelade

&

12 bzw. 24 Himbeeren

Zutaten für
24 Hörnchen-Cupcakes/
12 Cupcakes
Zubereitung: 30 Minuten
Backzeit: ca. 30 Minuten

Mandel-Cupcakes mit Cranberry-7-Minute-Icing

Für die Cupcakes

2 Eier
135 g Zucker
120 g weiche Butter
½ TL Backpulver
¼ TL Natron
¼ TL Salz
100 g Mehl
80 ml Buttermilch
50 g gehackte Mandeln

Für das Icing

2 frische Eiweiße
100 g Zucker
¼ TL Weinstein-Backpulver
50 g getrocknete Cranberrys

12 kandierte Kirschen

Zutaten für 12 Cupcakes
Zubereitung: 30 Minuten
Backzeit: ca. 30 Minuten

Vor einigen Jahren heiratete eine Freundin. Natürlich wollten alle helfen und mir kam die Aufgabe zu, gezuckerte Mandeln, die man als Gastgeschenk reicht, hübsch zu verpacken. Also besorgte ich reichlich davon, dazu zartlila Tüll und passende Samtbänder. Immer fünf Mandeln sollten es sein – sie stehen für Gesundheit, Wohlstand, langes Leben, Glück und Fruchtbarkeit.

Zubereitung

Für den Teig Eier und Zucker schaumig schlagen, Butter zugeben und gut vermischen. Backpulver, Natron, Salz und Mehl kurz unterrühren. Die Buttermilch zugeben. Zum Schluss die Mandeln unterheben.

Den Teig in die mit Papierbackförmchen ausgelegte Muffinform füllen. Im vorgeheizten Backofen bei 175 °C ca. 30 Minuten backen.

Für das Icing Eiweiße, Zucker und Weinstein im kochenden Wasserbad etwa 3–4 Minuten aufschlagen. Aus dem Wasserbad nehmen und weiterrühren, bis sich glänzende Spitzen bilden. Das dauert etwa 7 Minuten. Die Cranberrys unterheben.

Die Masse mit einem Spachtel auf den erkalteten Cupcakes verteilen. Besonders schön sieht es aus, wenn man einige Cremespitzen nach oben zieht. Die Cupcakes mit einer kandierten Kirsche dekorieren.

Vanille-Cupcakes mit Johannisbeer-7-Minute-Icing

In England wird am Dienstag vor Aschermittwoch der „pancake day" gefeiert, an dem es – wie der Name schon vermuten lässt – Pfannkuchen gibt. Damit wird die 40-tägige Fastenzeit bis Ostern eingeläutet und alle in dieser Zeit verbotenen Lebensmittel wie Mehl, Salz, Eier und Milch werden so verbraucht. Ich backe damit aber lieber diese wundervollen Cupcakes und fasten müssen wir danach natürlich auch nicht.

Zubereitung

Für den Teig Eier und Zucker schaumig schlagen. Die Butter dazugeben und gut untermischen. Backpulver, Vanillezucker, Salz und Mehl kurz unterrühren und nach und nach die Milch hinzufügen.

Den Teig in die mit Papierbackförmchen ausgelegte Muffinform füllen. Im vorgeheizten Backofen bei 180 °C ca. 30 Minuten backen.

Für das Icing Eiweiße, Zucker und Weinstein im kochenden Wasserbad etwa 3–4 Minuten aufschlagen. Aus dem Wasserbad nehmen und weiterrühren, bis sich glänzende Spitzen bilden. Das dauert etwa 7 Minuten. Die Johannisbeeren waschen, von den Stielen befreien und unterheben.

Die Masse auf den ausgekühlten Cupcakes verteilen und mit ein paar Johannisbeeren dekorieren.

Für die Cupcakes

2 Eier
150 g Zucker
120 g weiche Butter
2 TL Backpulver
1 Päckchen Vanillezucker
1 Prise Salz
175 g Mehl
120 ml Milch

Für das Icing

2 frische Eiweiße
100 g Zucker
¼ TL Weinstein-Backpulver
100 g Johannisbeeren

&

Johannisbeeren

Zutaten für 12 Cupcakes
Zubereitung: 30 Minuten
Backzeit: ca. 30 Minuten

Schokoladen-Cupcakes mit Erdbeer-Buttercreme

Für die Cupcakes

85 g Zartbitterschokolade

2 Eier

135 g Zucker

120 g weiche Butter

½ TL Backpulver

¼ TL Natron

¼ TL Salz

100 g Mehl

80 ml Buttermilch

Für die Creme

½ l Milch

45 g Speisestärke

100 g Zucker

1 Päckchen Vanillezucker

150 g weiche Butter

170 g Erdbeermarmelade

&

12 Zuckerblumen

Zutaten für 12 Cupcakes

Zubereitung: 1 Stunde

Backzeit: ca. 30 Minuten

Wimbledon und Erdbeeren gehören untrennbar zusammen: Seit in Wimbledon Tennis gespielt wird, ist es Tradition, dass man dort frische Erdbeeren mit Schlagsahne genießt. Ganz so traditionsreich sind diese Cupcakes noch nicht, aber bestimmt eine Sünde wert.

Zubereitung

Zunächst für die Creme einen Pudding zubereiten. Dazu 6 EL Milch und die Speisestärke verrühren. Die übrige Milch mit Zucker und Vanillezucker zum Kochen bringen. Die angerührte Speisestärke hinzufügen und kurz aufkochen lassen. Den Pudding vom Herd nehmen und erkalten lassen, dabei ab und an umrühren.

Für den Teig die Zartbitterschokolade im kochenden Wasserbad schmelzen und beiseitestellen. Eier und Zucker schaumig schlagen, Butter zufügen und gut vermengen. Dann die etwas abgekühlte Schokolade unter die Buttermischung arbeiten. Backpulver, Natron, Salz und Mehl kurz unterrühren. Anschließend die Buttermilch untermischen.

Den Teig in die mit Papierbackförmchen ausgelegte Muffinform füllen. Im vorgeheizten Backofen bei 180 °C ca. 30 Minuten backen.

Für die Creme sollten alle Zutaten Zimmertemperatur haben. Die Butter schaumig schlagen. Bei geringer Geschwindigkeit des Rührgerätes den Pudding löffelweise dazugeben und gut vermischen. Ebenso vorsichtig die Marmelade portionsweise unterrühren. 1 Stunde kühl stellen.

Die Creme mit einem Spritzbeutel (Tülle 10) auf die ausgekühlten Cupcakes spritzen und mit Zuckerblumen dekorieren.

Pfirsich-Cupcakes mit Johannisbeer-Frischkäse-Creme

Rosen sind ein immer wiederkehrendes Motiv und stehen in erster Linie für Liebe. Die viktorianische Blumensprache bot – durch die verschiedenen Sorten und Farben sowie durch Kombination mit anderen Blumen – die Möglichkeit einer differenzierten Kommunikation. Und als Dekoration auf diesen Cupcakes sind sie einfach wunderschön.

Zubereitung

Für den Teig Eier und Zucker schaumig schlagen. Die Butter hinzufügen und alles gut vermischen. Anschließend Salz, Backpulver und Mehl untermengen. Danach den Pfirsichjoghurt unterrühren. Den Pfirsich waschen, das Fruchtfleisch in kleine Stücke schneiden und unterheben.

Den Teig in die mit Papierbackförmchen ausgelegte Muffinform füllen. Im vorgeheizten Backofen bei 180 °C ca. 30 Minuten backen.

Für die Creme die Butter schaumig rühren. Frischkäse und Puderzucker dazugeben und gut vermischen. Die Johannisbeeren waschen und putzen, unter die Creme heben.

Die Creme mit einem Spachtel auf den erkalteten Cupcakes verteilen und mit einer Rosenblüte dekorieren.

Für die Cupcakes

2 Eier
115 g Zucker
90 g weiche Butter
1 Prise Salz
½ Päckchen Backpulver
200 g Mehl
150 g Pfirsichjoghurt
1 Pfirsich

Für die Creme

80 g weiche Butter
300 g Doppelrahmfrischkäse
40 g Puderzucker
100 g Johannisbeeren

&

 12 ungespritzte Rosen

Zutaten für 12 Cupcakes
Zubereitung: 30 Minuten
Backzeit: ca. 30 Minuten

Schoko-Cupcakes mit weißer Schokoladen-Himbeer-Creme

Für die Cupcakes

140 g Blockschokolade
140 g weiche Butter
140 g Zucker
2 Eier
140 g Mehl

Für die Creme

200 g weiße Schokolade
40 g weiche Butter
200 g Doppelrahmfrischkäse
125 g Himbeeren

&

pinkfarbene Zuckerperlen

Zutaten für 12 Cupcakes
Zubereitung: 35 Minuten
Backzeit: ca. 30 Minuten

Als ich diese Cupcakes einmal für den Geburtstag einer Freundin gemacht und die glänzenden Zuckerperlen darübergestreut habe, fragte doch tatsächlich ein Gast, ob dies Stecknadeln seien. Stecknadeln habe ich aber nur zum Fixieren der Schleifen benötigt, die ich für Geburtstags-Cupcakes immer sehr hübsch und dekorativ finde.

Zubereitung

Für den Teig die Schokolade und die Butter im kochenden Wasserbad schmelzen und vermischen. Zucker und Eier schaumig rühren und anschließend das Mehl unterheben. Die geschmolzene Schokoladenmischung mit der Mehlmasse vermengen.

Den Teig in die mit Papierbackförmchen ausgelegte Muffinform füllen. Im vorgeheizten Backofen bei 175 °C ca. 30 Minuten backen.

Für die Creme die Schokolade im kochenden Wasserbad schmelzen, bis eine homogene Masse ohne Klümpchen entsteht, dazu gelegentlich umrühren. Aus dem Wasserbad nehmen und 10–15 Minuten abkühlen lassen. Butter und Frischkäse ca. 3 Minuten schaumig rühren, die noch lauwarme geschmolzene Schokolade dazugeben und alles gut vermischen. Die Himbeeren unterheben.

Die Creme mit einem Spachtel auf den ausgekühlten Cupcakes verteilen und mit den pinkfarbenen Zuckerperlen bestreuen.

Schoko-Ingwer-Cupcakes mit Ingwer-Frischkäse-Creme

Für die Cupcakes

85 g Zartbitterschokolade
2 Eier
135 g Zucker
120 g weiche Butter
½ TL Backpulver
¼ TL Natron
¼ TL Salz
100 g Mehl
80 ml Buttermilch
80 g Ingwerkekse

Für die Creme

80 g weiche Butter
300 g Doppelrahmfrischkäse
40 g Puderzucker
100 g eingelegter Ingwer

&

12 Kapuzinerkresseblüten

Zutaten für 12 Cupcakes
Zubereitung: 35 Minuten
Backzeit: ca. 30 Minuten

Die Kapuzinerkresse ist noch nicht allzu lange in Europa beheimatet, erst die Spanier brachten sie 1684 aus Peru mit. Sie wächst sehr schnell und ich bin jedes Mal verblüfft, wie aus einem Samenkorn eine so riesige Pflanze mit vielen wunderschönen Blättern und Blüten entsteht. Diese essbaren Blüten schmecken nicht nur toll zu Süßspeisen, durch ihre leicht pfeffrige Note harmonieren sie perfekt mit dem Ingwer.

Zubereitung

Für den Teig die Zartbitterschokolade im kochenden Wasserbad schmelzen und beiseitestellen. Eier und Zucker schaumig schlagen, Butter zufügen und gut vermengen. Die etwas abgekühlte Schokolade unter die Buttermischung arbeiten. Backpulver, Natron, Salz und Mehl kurz mit dem Teig verrühren. Die Buttermilch untermischen und die grob zerkleinerten Ingwerkekse hinzugeben.

Den Teig in die mit Papierbackförmchen ausgelegte Muffinform füllen. Im vorgeheizten Backofen bei 180 °C ca. 30 Minuten backen.

Für die Creme die Butter schaumig rühren, Frischkäse und Puderzucker dazugeben und gut vermischen. Den eingelegten Ingwer abtropfen lassen, klein schneiden und unter die Frischkäse-Creme mischen.

Die Creme mit einem Spachtel auf den ausgekühlten Cupcakes verteilen. Ich finde es besonders hübsch, wenn man die Kapuzinerkresseblüten wie Feenmützchen auf die Cupcakes setzt.

Nuss-Schoko-Cupcakes mit Holunderblüten-Frischkäse-Creme

Auch unsere Ahnen in der Steinzeit erfreuten sich bereits am Holunderbaum und nutzten ihn auf unterschiedlichste Weise. Der Name geht wahrscheinlich auf eine frühgermanische Göttin zurück, die auch noch in der Figur der Frau Holle, die wir alle aus dem Märchen kennen, weiterlebt. Früher standen Holunderbäume vor vielen Häusern, um sie so unter den Schutz dieser Göttin zu stellen.

Zubereitung

Für den Teig Eier, Zucker und Vanillezucker schaumig schlagen. Butter dazugeben und gut vermengen. Salz, Haselnüsse, Zimt, Kakao, Backpulver und Mehl hinzufügen und kurz unterrühren. Die Schokostreusel unterheben.

Den Teig in die mit Papierbackförmchen ausgelegte Muffinform füllen. Im vorgeheizten Backofen bei 150 °C ca. 35 Minuten backen.

Für die Creme die Butter schaumig rühren, Frischkäse und Puderzucker dazugeben und gut vermischen. Zum Schluss Holunderblütensirup unter die Frischkäse-Creme heben.

Die Creme mit einem Spachtel auf den ausgekühlten Cupcakes verteilen und mit den Zuckerblumen dekorieren.

Für die Cupcakes

3 Eier
150 g Zucker
1 Päckchen Vanillezucker
150 g weiche Butter
1 Prise Salz
100 g gemahlene Haselnüsse
1 ½ TL Zimt
2 TL Kakao
3 TL Backpulver
150 g Mehl
50 g Schokostreusel

Für die Creme

80 g weiche Butter
300 g Doppelrahmfrischkäse
40 g Puderzucker
5 EL Holunderblütensirup

&

12 Zuckerblumen

Zutaten für 12 Cupcakes
Zubereitung: 30 Minuten
Backzeit: ca. 35 Minuten

Espresso-Nuss-Cupcakes mit weißer Schokoladen-Johannisbeer-Creme

Für die Cupcakes

3 TL Espressopulver
1 TL heißes Wasser
70 g Zartbitterschokolade
115 g weiche Butter
180 g gemahlene Haselnüsse
3 Eier
85 g Zucker

Für die Creme

200 g weiße Schokolade
40 g weiche Butter
200 g Doppelrahmfrischkäse

&

weiße Johannisbeeren

Zutaten für 12 Cupcakes
Zubereitung: 45 Minuten
Backzeit: ca. 40 Minuten

Ich verwende weiße Schokolade sehr gerne für die Zubereitung von Cremes. Ihr fehlt zwar das typische Kakaoaroma, da bei dieser Sorte von der Kakaobohne lediglich die Kakaobutter verwendet wird, aber sie schmeckt trotzdem köstlich. Weiße Schokolade wurde erst Mitte des 20. Jahrhunderts das erste Mal in der Schweiz industriell hergestellt.

Zubereitung

Für den Teig Espressopulver in 1 TL heißem Wasser auflösen und mit der in Stücke zerbrochenen Schokolade und der Butter im kochenden Wasserbad schmelzen. Abkühlen lassen und anschließend die Haselnüsse untermischen. Die Eier trennen und die Eigelbe mit dem Zucker schaumig rühren. Die Schokoladenmischung untermengen. Die Eiweiße steif schlagen und unterheben.

Den Teig in die mit Papierbackförmchen ausgelegte Muffinform füllen. Im vorgeheizten Backofen bei 160 °C ca. 40 Minuten backen.

Für die Creme die Schokolade im kochenden Wasserbad schmelzen, bis eine homogene Masse ohne Klümpchen entsteht, dazu gelegentlich umrühren. Aus dem Wasserbad nehmen und 10–15 Minuten abkühlen lassen. Butter und Frischkäse ca. 3 Minuten schaumig rühren, die noch lauwarme geschmolzene Schokolade dazugeben und alles gut miteinander vermischen.

Die Creme mit einem Spritzbeutel (Tülle 10) auf die ausgekühlten Cupcakes spritzen und mit reichlich weißen Johannisbeeren dekorieren.

Zitronen-Cupcakes mit Litschi-Mascarpone-Creme

Die Flüssigkeit, die sich bei Frischkäse und manchmal auch bei Joghurt absetzt, ist kein Wasser, sondern sehr gesunde proteinhaltige Molke, die man einfach wieder unterrühren kann. Hier allerdings gieße ich die Flüssigkeit beim Frischkäse ausnahmsweise ab, damit die Litschi-Mascarpone-Creme etwas fester wird.

Zubereitung

Für den Teig Eier und Zucker schaumig schlagen. Die Butter dazugeben und gut vermengen. Backpulver, Salz, Zitronenschale und Mehl kurz unterrühren und nach und nach den Joghurt hinzufügen.

Den Teig in die mit Papierbackförmchen ausgelegte Muffinform füllen. Im vorgeheizten Backofen bei 175 °C ca. 30 Minuten backen.

Für die Creme Mascarpone, Frischkäse und Puderzucker miteinander vermengen. Die Litschis gut abtropfen lassen, würfeln und mit der Zitronenschale unter die Mascarpone-Creme heben.

Die Creme mit einem Spachtel auf den ausgekühlten Cupcakes verteilen und mit den Zuckerblumen dekorieren.

Für die Cupcakes

2 Eier

115 g Zucker

90 g weiche Butter

½ Päckchen Backpulver

1 Prise Salz

2 TL abgeriebene Zitronenschale

200 g Mehl

150 g Zitronenjoghurt

Für die Creme

170 g Mascarpone

300 g Doppelrahmfrischkäse

110 g Puderzucker

10 Litschis aus der Dose

1 TL abgeriebene Zitronenschale

12 Zuckerblumen

Zutaten für 12 Cupcakes
Zubereitung: 30 Minuten
Backzeit: ca. 30 Minuten

Amaretti-Cupcakes mit Vanille-Buttercreme

Für die Cupcakes

3 Eier
170 g Zucker
150 g weiche Butter
1 Päckchen Vanillezucker
1 TL Backpulver
180 g Mehl
50 g Amaretti-Kekse

Für die Creme

½ l Milch
4 frische Eigelbe
45 g Speisestärke
100 g Zucker
1 Päckchen Vanillezucker
150 g weiche Süßrahmbutter

&

12 Marzipanrosen

Zutaten für 12 Cupcakes
Zubereitung: 30 Minuten
Backzeit: ca. 30 Minuten

Amaretti, die kleinen italienischen Mandelkekse, werden aus Eischnee, Zucker und Mandeln hergestellt und manchmal auch noch mit Amaretto, einem Mandellikör, verfeinert. Sie schmecken nicht nur zum Kaffee, sondern werden, zerbröselt und in Kombination mit Cremes, für viele Desserts verwendet. Oder man bäckt raffinierte Cupcakes damit!

Zubereitung

Zunächst für die Creme einen Pudding zubereiten. Dazu 6 EL Milch, die Eigelbe und die Speisestärke verrühren. Die übrige Milch mit Zucker und Vanillezucker zum Kochen bringen. Die angerührte Speisestärke hinzufügen und kurz aufkochen lassen. Den Pudding vom Herd nehmen und erkalten lassen, dabei ab und an umrühren.

Für den Teig Eier und Zucker schaumig schlagen. Die Butter hinzufügen und alles gut vermischen. Vanillezucker, Backpulver und Mehl dazugeben und vorsichtig verrühren. Die grob zerkleinerten Kekse unterheben.

Den Teig in die mit Papierbackförmchen ausgelegte Muffinform füllen. Im vorgeheizten Backofen bei 180 °C ca. 30 Minuten backen.

Für die Creme sollten alle Zutaten Zimmertemperatur haben. Die Butter schaumig schlagen. Bei geringer Geschwindigkeit des Rührgerätes den Pudding löffelweise dazugeben und gut vermischen. 1 Stunde kühl stellen.

Die Creme mit einem Spritzbeutel (Tülle 10) auf die ausgekühlten Cupcakes spritzen und mit einer Marzipanrose dekorieren.

Ananas-Cupcakes mit weißer Schokoladen-Kokos-Creme

Köche nennen das Wasserbad auch Bain-Marie oder Marienbad. Dieser Name geht angeblich auf Maria Prophetissa zurück, eine Alchimistin, die zwischen dem 1. und 3. Jahrhundert in Alexandria lebte. Sie soll das Wasserbad für ihre Schwester, eine Hexe, entwickelt haben, da deren Tinkturen und Tränke immer anbrannten. Uns hilft es auf alle Fälle, das Eiweiß perfekt aufzuschlagen.

Zubereitung

Für den Teig Eier und Zucker schaumig schlagen. Die Butter dazugeben und gut unterrühren. Backpulver, Salz und Mehl kurz untermischen und langsam die Milch hinzufügen. Die Ananasstücke abtropfen lassen und unterheben.

Den Teig in die mit Papierbackförmchen ausgelegte Muffinform füllen. Im vorgeheizten Backofen bei 180 °C ca. 30 Minuten backen.

Für die Creme die Schokolade im kochenden Wasserbad schmelzen, bis eine homogene Masse entsteht, dazu gelegentlich umrühren. Aus dem Wasserbad nehmen und 10–15 Minuten abkühlen lassen. Butter und Frischkäse ca. 3 Minuten schaumig rühren, die lauwarme Schokolade dazugeben und alles gut vermischen. Die Kokosraspel unterheben.

Die Creme mit einem Spachtel auf den ausgekühlten Cupcakes verteilen. Die Kokoschips über einem Teller auf die Creme streuen, dabei die Törtchen ein wenig neigen, um sie rundherum mit den Chips zu bedecken.

Für die Cupcakes

2 Eier
150 g Zucker
120 g weiche Butter
2 TL Backpulver
1 Prise Salz
175 g Mehl
120 ml Milch
100 g Ananasstücke

Für die Creme

200 g weiße Schokolade
40 g weiche Butter
200 g Doppelrahmfrischkäse
30 g Kokosraspel

Kokoschips

Zutaten für 12 Cupcakes
Zubereitung: 40 Minuten
Backzeit: ca. 30 Minuten

Schokoladen-Cupcakes mit 7-Minute-Icing

Für die Cupcakes

140 g Blockschokolade
140 g Butter
140 g Zucker
2 Eier
140 g Mehl

Für das Icing

2 frische Eiweiße
100 g Zucker
¼ TL Weinstein-Backpulver

Zutaten für 12 Cupcakes
Zubereitung: 30 Minuten
Backzeit: ca. 30 Minuten

Das 7-Minute-Icing sollte man nicht im Voraus zubereiten, da es sonst seinen Glanz verliert und sich nicht mehr so schön auf den Cupcakes verteilen lässt. Falls man es doch einmal zu lange stehen gelassen hat, hilft es, wenn man es vor der Weiterverarbeitung noch mal kräftig aufschlägt.

Zubereitung

Für den Teig Schokolade und Butter im kochenden Wasserbad schmelzen und vermischen. Zucker und Eier schaumig rühren, dann das Mehl unterheben. Die geschmolzene Schokoladenmischung mit der Mehlmasse vermengen.

Den Teig in die mit Papierbackförmchen ausgelegte Muffinform füllen. Im vorgeheizten Backofen bei 175 °C ca. 30 Minuten backen.

Für das Icing Eiweiße, Zucker und Weinstein im kochenden Wasserbad etwa 3–4 Minuten aufschlagen. Aus dem Wasserbad nehmen und weiterrühren, bis sich glänzende Spitzen bilden. Das dauert etwa 7 Minuten.

Die Masse mit einem Spachtel auf den ausgekühlten Cupcakes verteilen. Besonders schön sieht es aus, wenn man einige Cremespitzen nach oben zieht.

Apfel-Cupcakes mit Apfel-Meringue-Buttercreme

Besonders bei den Kelten schrieb man dem Apfel magische Kräfte zu. Die sagenumwobene Insel Avalon, die „Insel der Apfelbäume", entspricht in der keltischen Tradition unserer Vorstellung vom Paradies. Dort vergeht angeblich die Zeit langsamer als in unserer Welt und so wurde der Apfel zum Symbol ewiger Jugend.

Zubereitung

Für den Teig Eier und Zucker schaumig schlagen. Öl dazugeben und gut vermengen. Backpulver, Natron, Zimt, Salz und Mehl hinzufügen und kurz unterrühren. Apfel, Haferflocken und Mandeln unterheben.

Den Teig in die mit Papierbackförmchen ausgelegte Muffinform füllen. Im vorgeheizten Backofen bei 175 °C ca. 35 Minuten backen.

Für die Creme Eiweiße und Zucker im kochenden Wasserbad schaumig schlagen, bis sich der Zucker aufgelöst hat. Aus dem Wasserbad nehmen und 5–6 Minuten weiterrühren, bis die Masse abgekühlt ist und feste Spitzen bildet. Die weiche Butter mit dem Rührgerät bei mittlerer Geschwindigkeit nach und nach unter die Eiweißmasse rühren. Ca. 2 Minuten auf kleinster Stufe weiterrühren. Das Gelee kurz verrühren und unterheben.

Die Creme mit einem Spachtel auf den ausgekühlten Cupcakes verteilen und mit den Zuckerblumen dekorieren.

Für die Cupcakes

2 Eier

140 g Zucker

100 ml Pflanzenöl

1 TL Backpulver

1 TL Natron

½ TL Zimt

1 Prise Salz

100 g Mehl

1 grob geraspelter Apfel

30 g feine Haferflocken

40 g gehackte Mandeln

Für die Creme

2 frische Eiweiße

125 g Zucker

180 g weiche Butter

170 g Apfelgelee

&

Zuckerblumen

Zutaten für 12 Cupcakes
Zubereitung: 45 Minuten
Backzeit: ca. 35 Minuten

Mohn-Cupcakes mit Zitronen-Meringue-Buttercreme

Für die Cupcakes

2 Eier
135 g Zucker
120 g weiche Butter
½ TL Backpulver
¼ TL Natron
¼ TL Salz
100 g Mehl
80 ml Buttermilch
2 TL abgeriebene Zitronenschale
1 TL Mohn

Für die Creme

2 frische Eiweiße
125 g Zucker
180 g weiche Butter
170 g Zitronengelee

12 kleine Baisers

Zutaten für 12 Cupcakes
Zubereitung: 30 Minuten
Backzeit: ca. 30 Minuten

Die kleinen, leicht nussig schmeckenden Mohnsamen geben diesen Törtchen das gewisse Etwas, sodass man leicht „süchtig" danach werden kann. Doch gefährliche Nebenwirkungen sind nicht zu befürchten, wie das bei Opium der Fall ist, das aus dem Milchsaft der unreifen Samenkapseln des Schlafmohns gewonnen wird.

Zubereitung

Für den Teig Eier und Zucker schaumig schlagen, Butter zufügen und gut vermischen. Backpulver, Natron, Salz und Mehl kurz mit dem Teig verrühren. Die Buttermilch dazugeben, dann die Zitronenschale und den Mohn unterheben.

Den Teig in die mit Papierbackförmchen ausgelegte Muffinform füllen. Im vorgeheizten Backofen bei 180 °C ca. 30 Minuten backen.

Für die Creme Eiweiße und Zucker im kochenden Wasserbad schaumig rühren, bis sich der Zucker aufgelöst hat. Aus dem Wasserbad nehmen und 5–6 Minuten weiterrühren, bis die Masse abgekühlt ist und feste Spitzen bildet. Die weiche Butter mit dem Rührgerät bei mittlerer Geschwindigkeit nach und nach unter die Eiweißmasse rühren. Ca. 2 Minuten auf kleinster Stufe weiterrühren. Das Gelee unterheben.

Die Creme mit einem Spachtel auf den ausgekühlten Cupcakes verteilen und mit einem Baiser dekorieren.

Grün

Rüebli-Cupcakes mit Sternfrucht-7-Minute-Icing

Für die Cupcakes

150 g weiche Butter

150 g Zucker

3 Eier

Schale und Saft von ½ Orange

100 g Mehl

1 TL Backpulver

40 g gemahlene Mandeln

40 g gehackte Walnüsse

½ TL Zimt

1 Prise gemahlene Nelken

3 Prisen gemahlener Ingwer

100 g geschälte und grob
geraspelte Möhren

1 Prise Salz

Für das Icing

2 frische Eiweiße

100 g Zucker

¼ TL Weinstein-Backpulver

3 Sternfrüchte (Endstücke)

restliche Sternfrüchte in
Scheiben geschnitten

Zutaten für 12 Cupcakes
Zubereitung: 45 Minuten
Backzeit: ca. 30 Minuten

Ich finde den Namen Sternfrucht sehr anschaulich, denn man weiß sofort, welche Frucht gemeint ist. Sie wird auch Karambole genannt und meistens nur zur Dekoration verwendet. Wenn man sie quer in Scheiben schneidet, erhält man wunderschöne Sterne. Zudem harmoniert ihre angenehme Frische ausgezeichnet mit der süßen Creme in diesem Rezept.

Zubereitung

Für den Teig Butter und Zucker schaumig rühren. Dann die Eier trennen und die Eigelbe nach und nach zur Butter-Zucker-Mischung geben, ebenso Schale und Saft der ½ Orange. Mehl und Backpulver unterheben und die restlichen Zutaten – bis auf die Eiweiße und das Salz – untermischen. Die Eiweiße mit dem Salz in einer anderen Schüssel schaumig schlagen und dann unter den Teig heben.

Den Teig in die mit Papierbackförmchen ausgelegte Muffinform füllen. Im vorgeheizten Backofen bei 180 °C ca. 30 Minuten backen.

Für das Icing Eiweiße, Zucker und Weinstein im kochenden Wasserbad etwa 3–4 Minuten aufschlagen. Aus dem Wasserbad nehmen und weiterrühren, bis sich glänzende Spitzen bilden. Das dauert etwa 7 Minuten. Die Endstücke der Sternfrüchte in kleine Würfel schneiden und unterheben.

Die Masse mit einem Spachtel auf den ausgekühlten Cupcakes verteilen. Besonders schön sieht es aus, wenn man einige Cremespitzen nach oben zieht. Die Cupcakes mit einer Scheibe der Sternfrucht dekorieren.

Walnuss-Cupcakes mit Stachelbeer-Meringue-Buttercreme

Ich freue mich immer auf die Stachelbeerzeit und kann mich gar nicht satt essen an diesen köstlichen Früchten. In England assoziiert man mit den Beeren auch anderes. Früher nannte man dort eine Anstandsdame auch „gooseberry" (Stachelbeere), da sie, wenn sie zum Beispiel ein Pärchen bei einer Verabredung im Park begleiten musste, gerne vorgab, lediglich Stachelbeeren pflücken zu wollen, um die offensichtliche Beaufsichtigung zu kaschieren.

Zubereitung

Für den Teig Eier und Zucker schaumig rühren, Butter zufügen und gut vermischen. Backpulver, Natron, Salz und Mehl dazugeben und kurz unterrühren. Die Buttermilch dazugeben. Anschließend die gehackten Walnüsse unterheben.

Den Teig in die mit Papierbackförmchen ausgelegte Muffinform füllen. Die Cupcakes im vorgeheizten Backofen bei 180 °C ca. 30 Minuten backen.

Für die Creme die Eiweiße und den Zucker im kochenden Wasserbad schaumig rühren, bis sich der Zucker aufgelöst hat. Aus dem Wasserbad nehmen und 5–6 Minuten weiterrühren, bis die Masse abgekühlt ist und feste Spitzen bildet. Die weiche Butter mit dem Rührgerät bei mittlerer Geschwindigkeit nach und nach unter die Eiweißmasse rühren. Ca. 2 Minuten auf kleinster Stufe weiterrühren. Die Marmelade mit einem Spachtel unterheben.

Die Creme mit einem Spritzbeutel (Tülle 10) auf die ausgekühlten Cupcakes spritzen und mit einer Stachelbeere dekorieren.

Für die Cupcakes

2 Eier
135 g Zucker
120 g weiche Butter
½ TL Backpulver
¼ TL Natron
¼ TL Salz
100 g Mehl
80 ml Buttermilch
50 g gehackte Walnüsse

Für die Creme

2 frische Eiweiße
125 g Zucker
180 g weiche Butter
170 g Stachelbeermarmelade

&

12 Stachelbeeren

Zutaten für 12 Cupcakes
Zubereitung: 30 Minuten
Backzeit: ca. 30 Minuten

Zitronen-Cupcakes mit Waldmeister-Frischkäse-Creme

Für die Cupcakes

2 Eier
150 g Zucker
120 g weiche Butter
2 TL Backpulver
1 Prise Salz
2 TL abgeriebene Zitronenschale
175 g Mehl
120 ml Milch

Für die Creme

80 g weiche Butter
300 g Doppelrahmfrischkäse
40 g Puderzucker
5 EL Waldmeistersirup

&

12 Fruchtgummischmetterlinge

Zutaten für 12 Cupcakes
Zubereitung: 25 Minuten
Backzeit: ca. 30 Minuten

Frischen Waldmeister erntet man am besten Anfang Mai. Sobald er anfängt zu blühen, sollte man ihn besser nicht mehr essen, da sich dann zu viel Cumarin in der Pflanze gebildet hat, was in größeren Mengen nicht nur dazu führt, dass man sich leicht beschwingt fühlt, sondern auch Kopfschmerzen verursachen kann. Davor braucht man hier keine Sorge zu haben, aber eine beschwingende Wirkung würde ich nicht ausschließen.

Zubereitung

Für den Teig Eier und Zucker schaumig schlagen. Die Butter dazugeben und gut vermischen. Backpulver, Salz, Zitronenschale und Mehl kurz unterrühren und langsam die Milch hinzufügen.

Den Teig in die mit Papierbackförmchen ausgelegte Muffinform füllen. Im vorgeheizten Backofen bei 180 °C ca. 30 Minuten backen.

Für die Creme die Butter schaumig rühren. Frischkäse und Puderzucker dazugeben und gut vermischen. Den Sirup unter die Frischkäse-Creme mischen.

Die Creme mit einem Spachtel auf den ausgekühlten Cupcakes verteilen. Mit einem Fruchtgummischmetterling dekorieren.

Cantuccini-Cupcakes mit weißer Schokoladen-Feigen-Creme

Cantuccini, das beliebte italienische Mandelgebäck, genießt man in seiner toskanischen Ursprungsgegend um Florenz gerne am Ende einer Mahlzeit zu süßem Wein, vor allem zu Vin Santo. In diesem Rezept verwenden wir aber keinen Alkohol, sondern kombinieren die Kekse mit einer Schokoladen-Feigen-Creme, was aber auch ganz köstlich schmeckt.

Zubereitung

Für den Teig Eier und Zucker schaumig rühren. Die Butter hinzufügen und alles gut vermischen. Mehl, Vanillezucker und Backpulver vorsichtig dazugeben. Die grob zerteilten Cantuccini-Kekse unterheben.

Den Teig in die mit Papierbackförmchen ausgelegte Muffinform füllen. Im vorgeheizten Backofen bei 180 °C ca. 30 Minuten backen.

Für die Creme die Schokolade im kochenden Wasserbad schmelzen, bis eine homogene Masse ohne Klümpchen entsteht, dazu gelegentlich umrühren. Aus dem Wasserbad nehmen und 10–15 Minuten abkühlen lassen. Butter und Frischkäse ca. 3 Minuten schaumig rühren, die noch lauwarme geschmolzene Schokolade dazugeben und alles gut miteinander vermischen.

Die Creme mit einem Spachtel auf den ausgekühlten Cupcakes verteilen. Die Feigen jeweils in 6 Stücke schneiden und die Cupcakes damit dekorieren.

Für die Cupcakes

3 Eier
170 g Zucker
150 g weiche Butter
180 g Mehl
1 Päckchen Vanillezucker
1 TL Backpulver
50 g Cantuccini-Kekse

Für die Creme

200 g weiße Schokolade
40 g weiche Butter
200 g Doppelrahmfrischkäse

&

2 frische Feigen

Zutaten für 12 Cupcakes
Zubereitung: 25 Minuten
Backzeit: ca. 30 Minuten

Nuss-Cupcakes mit Kiwi-Frischkäse-Creme

Für die Cupcakes

4 Eier
200 g gemahlene Haselnüsse
150 g Zucker

Für die Creme

80 g weiche Butter
300 g Doppelrahmfrischkäse
40 g Puderzucker
1 Kiwi

Zuckerblümchen

Zutaten für 12 Cupcakes
Zubereitung: 25 Minuten
Backzeit: ca. 30 Minuten

Kiwis zählen heute zu den beliebtesten Südfrüchten und das, obwohl es sie in der Form, in der wir sie kennen, erst seit Mitte des 20. Jahrhunderts gibt. Die Neuseeländer haben sie veredelt und zum Exportschlager gemacht. Dabei haben sie der kleinen Frucht auch ihren Namen gegeben und sie nach dem Wappentier Neuseelands, dem flugunfähigen Vogel Kiwi, benannt.

Zubereitung

Für den Teig die Eier trennen. Die Eigelbe mit den gemahlenen Haselnüssen und dem Zucker verrühren. Die Eiweiße steif schlagen und unter die Nussmasse heben.

Den Teig in die mit Papierbackförmchen ausgelegte Muffinform füllen. Im vorgeheizten Backofen bei 180 °C ca. 30 Minuten backen.

Für die Creme die Butter schaumig rühren, den Frischkäse und den Puderzucker dazugeben und gut vermischen. Zum Schluss die geschälte und gewürfelte Kiwi unter die Frischkäse-Creme heben.

Die Creme mit einem Spachtel auf den ausgekühlten Cupcakes verteilen. Die Zuckerblümchen darüberstreuen.

Schokoladen-Cupcakes mit Minzehäubchen

Minthe war in der griechischen Mythologie die Geliebte von Hades, dem Gott der Unterwelt, was seiner Gattin Persephone sehr missfiel. So verwandelte sie Minthe kurzerhand in ein Kraut, auf dass sie ständig mit Füßen getreten werde. Hades konnte das zwar nicht verhindern, sorgte aber dafür, dass die Minze dabei wunderbar aromatisch duftete.

Zubereitung

Für den Teig die Schokolade und die Butter im kochenden Wasserbad schmelzen und vermischen. Zucker und Eier schaumig rühren und anschließend das Mehl unterheben. Die geschmolzene Schokoladenmischung mit der Mehlmasse vermengen.

Den Teig in die mit Papierbackförmchen ausgelegte Muffinform füllen. Die Cupcakes im vorgeheizten Backofen bei 180 °C ca. 30 Minuten backen.

Für die Minzehäubchen Eiweiße, Zucker und Weinstein im kochenden Wasserbad etwa 3–4 Minuten aufschlagen. Aus dem Wasserbad nehmen und weiterrühren, bis sich glänzende Spitzen bilden. Das dauert etwa 7 Minuten. Den Sirup untermischen.

Die Masse mit einem Spachtel auf den ausgekühlten Cupcakes verteilen. Besonders schön sieht es aus, wenn man einige Cremespitzen nach oben zieht. Die Cupcakes mit einem Minzblatt dekorieren.

Für die Cupcakes

140 g Blockschokolade
140 g Butter
140 g Zucker
2 Eier
140 g Mehl

Für die Minzehäubchen

2 frische Eiweiße
100 g Zucker
¼ TL Weinstein-Backpulver
2 EL Pfefferminzsirup

&

Minzeblätter

Zutaten für 12 Cupcakes
Zubereitung: 35 Minuten
Backzeit: ca. 30 Minuten

Schokoladen-Cupcakes mit Pistazien-Buttercreme

Für die Cupcakes

85 g Zartbitterschokolade

2 Eier

135 g Zucker

120 g weiche Butter

½ TL Backpulver

¼ TL Natron

¼ TL Salz

100 g Mehl

80 ml Buttermilch

Für die Creme

½ l Milch

4 frische Eigelbe

45 g Speisestärke

100 g Zucker

1 Päckchen Vanillezucker

150 g weiche Süßrahmbutter

100 g gemahlene Pistazien

&

25 g gehackte Pistazien

Zutaten für 12 Cupcakes

Zubereitung: 45 Minuten

Backzeit: ca. 30 Minuten

Schokolade ist in Europa mittlerweile ein fast alltägliches Genussmittel geworden und hat auch die Kirche vor schwerwiegende Fragen gestellt. Denn zur Fastenzeit musste man klären, ob Schokolade als feste Nahrung zu betrachten sei, oder – wie in ihrer ursprünglichen, aus Amerika importierten Form – als Getränk. Man entschied sich für die „flüssige" Auslegung und musste so auf den Genuss nicht verzichten.

Zubereitung

Zunächst für die Creme einen Pudding zubereiten. Dazu 6 EL Milch, die Eigelbe und die Speisestärke verrühren. Die übrige Milch mit Zucker und Vanillezucker zum Kochen bringen. Die angerührte Speisestärke hinzufügen und kurz aufkochen lassen. Den Pudding vom Herd nehmen und erkalten lassen, dabei ab und an umrühren.

Für den Teig die Zartbitterschokolade im kochenden Wasserbad schmelzen und beiseitestellen. Eier und Zucker schaumig schlagen, Butter zufügen und gut vermengen. Dann die etwas abgekühlte Schokolade unter die Buttermischung arbeiten. Backpulver, Natron, Salz und Mehl kurz mit dem Teig verrühren. Anschließend die Buttermilch untermischen.

Den Teig in die mit Papierbackförmchen ausgelegte Muffinform füllen. Im vorgeheizten Backofen bei 180 °C ca. 30 Minuten backen.

Für die Creme sollten alle Zutaten Zimmertemperatur haben. Die Butter schaumig schlagen. Bei geringer Geschwindigkeit des Rührgerätes den Pudding löffelweise dazugeben und gut vermischen. Dann die gemahlenen Pistazien nach und nach unterrühren. 1 Stunde kühl stellen.

Die Creme mit einem Spritzbeutel (Tülle 10) auf die ausgekühlten Cupcakes spritzen. Dabei fange ich am Rand an und setze auf jeden Cupcake ein spiralförmiges, sich nach oben verjüngendes Türmchen. Mit den gehackten Pistazien bestreuen.

Mohn-Cupcakes mit Limetten-Mascarpone-Creme

In diesem Rezept werden Backpulver und Natron verwendet. Damit das Natron Kohlendioxid freisetzen und so den Teig locker machen kann, muss es nicht nur über 50 °C erhitzt werden, sondern auch mit Säure reagieren. Deshalb ist es nötig, Buttermilch zuzugeben. So bilden sich im Teig unzählige Kohlendioxidbläschen, die nicht mehr entweichen können, wenn die Masse im Ofen fest wird, und das Ergebnis sind wunderbar lockere Cupcakes.

Zubereitung

Für den Teig Eier und Zucker schaumig rühren, Butter zufügen und gut vermischen. Backpulver, Natron, Salz, Mehl, Zitronenschale und Mohn kurz mit dem Teig vermengen. Anschließend die Buttermilch dazugeben.

Den Teig in die mit Papierbackförmchen ausgelegte Muffinform füllen. Im vorgeheizten Backofen bei 180 °C ca. 30 Minuten backen.

Für die Creme Mascarpone, Frischkäse und Puderzucker miteinander vermengen. Die abgeriebene Limettenschale unter die Mascarpone-Creme heben.

Die Creme mit einem Spachtel auf den ausgekühlten Cupcakes verteilen. Mit einem Zestenreißer ein paar Limettenstreifen abziehen und die Cupcakes damit dekorieren.

Für die Cupcakes

2 Eier
135 g Zucker
120 g weiche Butter
½ TL Backpulver
¼ TL Natron
¼ TL Salz
100 g Mehl
2 TL abgeriebene Zitronenschale
1 TL Mohn
80 ml Buttermilch

Für die Creme

170 g Mascarpone
300 g Doppelrahmfrischkäse
110 g Puderzucker
abgeriebene Schale von 2 Limetten

Zesten von 2 Limetten

Zutaten für 12 Cupcakes
Zubereitung: 25 Minuten
Backzeit: ca. 30 Minuten

Mandel-Cupcakes mit Stachelbeer-Mascarpone-Creme

Für die Cupcakes

2 Eier
115 g Zucker
90 g weiche Butter
½ Päckchen Backpulver
1 Prise Salz
200 g Mehl
150 g Joghurt
50 g Mandelstifte

Für die Creme

170 g Mascarpone
300 g Doppelrahmfrischkäse
110 g Puderzucker
150 g Stachelbeeren

Zitronenmelisse

Zutaten für 12 Cupcakes
Zubereitung: 25 Minuten
Backzeit: ca. 30 Minuten

Wenn englische Kinder fragen, woher die Babys kommen, wird ihnen manchmal gesagt, dass sie unter dem Stachelbeerstrauch gefunden werden. Das hat wohl damit zu tun, dass man im 19. Jahrhundert in England mit der Stachelbeere die Bedeutung „Erwartung" verknüpft hat. Wie dem auch sei, bei diesem Rezept jedenfalls kann man sehr leckere Cupcakes erwarten.

Zubereitung

Für den Teig Eier und Zucker schaumig schlagen. Die Butter dazugeben und gut vermischen. Backpulver, Salz und Mehl kurz unterrühren und langsam den Joghurt hinzufügen. Zuletzt die Mandelstifte unterheben.

Den Teig in die mit Papierbackförmchen ausgelegte Muffinform füllen. Im vorgeheizten Backofen bei 180 °C ca. 30 Minuten backen.

Für die Creme Mascarpone, Frischkäse und Puderzucker miteinander vermengen. Die Stachelbeeren waschen und putzen, dann gut abtrocknen. Vorsichtig die Enden abschneiden und die Stachelbeeren dabei so wenig wie möglich verletzen. Die Stachelbeeren unzerteilt unter die Mascarpone-Creme heben.

Die Creme mit einem Löffel und einem Messer auf den ausgekühlten Cupcakes verteilen und mit einem Blatt Zitronenmelisse dekorieren.

Schokosplitter-Cupcakes mit Minze-Frischkäse-Creme

Eine gute Freundin von mir ist ganz versessen auf Minze. Sie erzählte mir, dass sie als Kind sogar ihre Minze-Zahnpasta gegessen hat, so viel, dass sie vom Fluor weiße Flecken auf den Zähnen und Ärger mit ihren Eltern bekam. Für sie habe ich diese Cupcakes gebacken. Aber auch ohne ein überzeugter Minze-Fan zu sein, schmecken sie einfach wunderbar frisch.

Zubereitung

Für den Teig Eier und Zucker schaumig rühren. Butter zufügen und gut vermischen. Anschließend den Quark dazugeben. Backpulver, Natron, Salz und Mehl kurz mit dem Teig verrühren. Die fein gehackte Schokolade unterheben.

Den Teig in die mit Papierbackförmchen ausgelegte Muffinform füllen. Im vorgeheizten Backofen bei 180 °C ca. 30 Minuten backen.

Für die Creme den Frischkäse mit Puderzucker verrühren. Den Sirup untermischen. 1 Stunde kühl stellen.

Die Creme mit einem Spritzbeutel (Tülle 10) auf die ausgekühlten Cupcakes spritzen und mit einer kandierten Erdbeere dekorieren.

Für die Cupcakes

2 Eier
200 g Zucker
120 g weiche Butter
200 g Quark
½ TL Backpulver
¼ TL Natron
¼ TL Salz
120 g Mehl
50 g fein gehackte Schokolade

Für die Creme

350 g Doppelrahmfrischkäse
40 g Puderzucker
3 EL Pfefferminzsirup

&

12 kandierte Erdbeeren

Zutaten für 12 Cupcakes
Zubereitung: 25 Minuten
Backzeit: ca. 30 Minuten

Schoko

Espresso-Nuss-Cupcakes mit Espresso- 7-Minute-Icing

Für die Cupcakes

3 TL Espressopulver
1 TL kochendes Wasser
70 g Zartbitterschokolade
115 g weiche Butter
180 g gemahlene Haselnüsse
3 Eier
85 g Zucker

Für das Icing

2 frische Eiweiße
100 g Zucker
3 TL Espressopulver
¼ TL Weinstein-Backpulver
3 TL Amaretto

&

12 Mokkabohnen

Zutaten für 12 Cupcakes
Zubereitung: 30 Minuten
Backzeit: ca. 40 Minuten

Schokolade und Espresso passen sehr gut zusammen. Das beweisen alleine die verschiedenen Espresso-Schokolade-Varianten, die man in Italien kennt: zum Beispiel den Caffè moca mit Schokoladensirup oder den Caffè Al Bicerin mit heißer Schokolade. Eine weitere überzeugende Version dieser Kombination sind diese umwerfenden Cupcakes.

Zubereitung

Für den Teig das Espressopulver in 1 TL heißem Wasser auflösen und mit der in Stücken zerbrochenen Schokolade und der Butter im Wasserbad schmelzen. Abkühlen lassen und anschließend die Haselnüsse untermischen. Die Eier trennen und die Eigelbe mit dem Zucker schaumig rühren. Die Schokoladenmischung untermengen. Dann die Eiweiße steif schlagen und unterheben.

Den Teig in die mit Papierbackförmchen ausgelegte Muffinform füllen. Im vorgeheizten Backofen bei 160 °C ca. 40 Minuten backen.

Für das Icing Eiweiße, Zucker, Espressopulver und Weinstein im kochenden Wasserbad etwa 3–4 Minuten aufschlagen. Aus dem Wasserbad nehmen und weiterrühren, bis sich glänzende Spitzen bilden. Das dauert etwa 7 Minuten. Dabei den Amaretto hinzufügen.

Das Icing auf die ausgekühlten Cupcakes geben und mit einer Mokkabohne dekorieren.

Schoko Schoko Schoko Schoko Schoko

Schokoladen-Oreo-Cupcakes mit Ganache

Diese Hörnchen mit abgeflachtem Boden sind nicht nur bei Kinderpartys ein voller Erfolg. Bei den Eishörnchen, die ich hier verwende, reicht diese Teigmenge für 24 Stück oder aber für 12 Cupcakes, die in der normalen Muffinform gebacken werden.

Zubereitung

Für den Teig Eier und Zucker schaumig rühren. Dann die Butter hinzufügen und alles gut verrühren. Vanillezucker, Backpulver, Mehl und Kakao kurz untermischen. Anschließend die Milch hinzufügen und die zerteilten Kekse unterheben.

Den Teig in die Hörnchen füllen. Gegebenenfalls Teigreste vom Rand mit einem Küchentuch entfernen. Die Hörnchen auf einem mit Backpapier ausgelegten Backblech in den vorgeheizten Ofen schieben und bei 180 °C ca. 30 Minuten backen.

Für die Ganache die Sahne zum Kochen bringen, über die zerbröckelte Schokolade gießen und 5 Minuten stehen lassen, danach behutsam vermischen. Anschließend die Ganache 20–30 Minuten schlagen, am besten mit einer Küchenmaschine.

Die Ganache mit einem Spritzbeutel (Tülle 10) auf die ausgekühlten Cupcakes spritzen. Dabei am Rand beginnen und auf jedes Hörnchen ein spiralförmiges, sich nach oben verjüngendes Türmchen setzen. Die Cupcakes mit Zuckerstreuseln dekorieren.

Für die Cupcakes

3 Eier
180 g Zucker
150 g weiche Butter
1 Päckchen Vanillezucker
2 TL Backpulver
200 g Mehl
3 EL Kakao
35 ml Milch
100 g Oreo-Kekse
24 Eishörnchen mit flachem Boden

Für die Ganache

250 ml Schlagsahne
  (über 32 % Fettgehalt)
250 g Zartbitterschokolade

&

Zuckerstreusel

Zutaten für 12 Cupcakes/
24 Hörnchen-Cupcakes
Zubereitung: 1 Stunde
Backzeit: ca. 30 Minuten

Löffelbiskuit-Cupcakes mit Tiramisu-Creme

Für die Cupcakes

3 Eier

170 g Zucker

150 g weiche Butter

1 Päckchen Vanillezucker

1 TL Backpulver

180 g Mehl

25 g Löffelbiskuits

Für die Creme

170 g Mascarpone

300 g Doppelrahmfrischkäse

110 g Puderzucker

3 TL lösliches Espressopulver

1 TL heißes Wasser

50 g Löffelbiskuits

&

3 Löffelbiskuits

Zutaten für 12 Cupcakes

Zubereitung: 30 Minuten

Backzeit: ca. 30 Minuten

Kaffee und Espresso unterscheiden sich in erster Linie durch ein anderes Brühverfahren. Beim Espresso kommt das Kaffeepulver nur relativ kurz in Kontakt mit dem Wasser, sodass sich auch nicht viel Koffein darin lösen kann, und daher ist sein Koffeingehalt geringer als bei Filterkaffee. Also können wir ruhig mehrere von diesen unwiderstehlichen Cupcakes genießen, ohne gleich abzuheben.

Zubereitung

Für den Teig Eier und Zucker schaumig rühren, Butter hinzufügen und gut verrühren. Vanillezucker, Backpulver und Mehl kurz untermengen. Die Löffelbiskuits zerteilen und unter den Teig heben.

Den Teig in die mit Papierbackförmchen ausgelegte Muffinform füllen. Im vorgeheizten Backofen bei 180 °C ca. 30 Minuten backen.

Für die Creme Mascarpone, Frischkäse und Puderzucker miteinander vermengen. Das Espressopulver im heißen Wasser auflösen und unter die Mascarpone-Creme heben. Die Löffelbiskuits in 1 cm lange Stücke schneiden und hinzufügen.

Die Creme mit einem Spachtel auf den ausgekühlten Cupcakes verteilen und mit einem kleinen Stück Löffelbiskuit dekorieren.

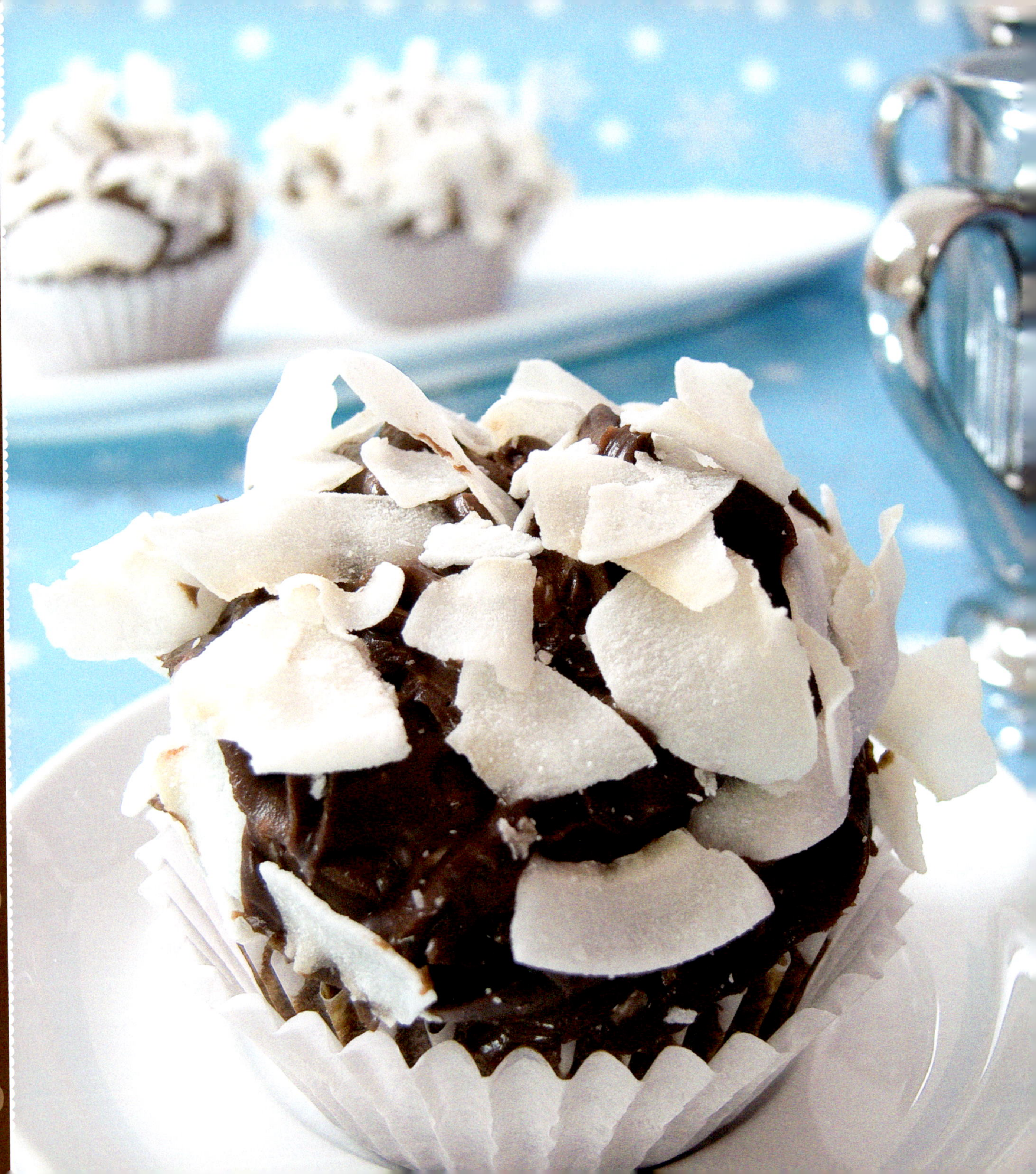

Schoko-Kokos-Cupcakes mit Kokos-Ganache

Diese köstlichen Cupcakes habe ich zum ersten Mal für meine beste Freundin gebacken. Sie liebt Schokoladentorten und sie liebt Kokos. Also war es nur logisch, nachdem ich für sie die verschiedensten Versionen von Schokoladentorten oder Kokostorten in den letzten Jahren zum Geburtstag gebacken habe, nun Schokolade und Kokos in einem wundervollen Cupcake zu vereinigen.

Zubereitung

Für den Teig Schokolade und Butter im kochenden Wasserbad schmelzen und vermischen. Zucker und Eier schaumig rühren. Anschließend das Mehl unterheben. Die geschmolzene Schokoladenmischung mit dem Teig vermengen. Die Kokosraspel unterrühren.

Den Teig in die mit Papierbackförmchen ausgelegte Muffinform füllen. Im vorgeheizten Backofen bei 175 °C ca. 30 Minuten backen.

Für die Ganache die Sahne zum Kochen bringen, über die zerbröckelte Schokolade gießen und 5 Minuten stehen lassen, danach behutsam vermischen. Anschließend die Ganache 20–30 Minuten schlagen, am besten mit einer Küchenmaschine. Je länger man rührt, umso fester wird die Ganache. Danach die Kokosraspel unterheben.

Die Ganache mit einem Spachtel auf den ausgekühlten Cupcakes verteilen. Die Kokoschips über einem Teller auf die Ganache streuen, dabei den Cupcake ein wenig neigen, damit er rundherum mit Kokoschips bedeckt wird.

Für die Cupcakes

140 g Blockschokolade
140 g Butter
140 g Zucker
2 Eier
140 g Mehl
70 g Kokosraspel

Für die Ganache

250 ml Schlagsahne
  (über 32 % Fettgehalt)
250 g Zartbitterschokolade
30 g Kokosraspel

Kokoschips

Zutaten für 12 Cupcakes
Zubereitung: 1 Stunde
Backzeit: ca. 30 Minuten

Schokoladen-Cupcakes mit gebranntem 7-Minute-Icing

Für die Cupcakes

140 g Blockschokolade
140 g Butter
140 g Zucker
2 Eier
140 g Mehl

Für das Icing

2 frische Eiweiße
100 g Zucker
¼ TL Weinstein-Backpulver

Zutaten für 12 Cupcakes
Zubereitung: 35 Minuten
Backzeit: ca. 30 Minuten

Normalerweise benutze ich einen Flambierbrenner für die Zubereitung von Crema Catalana oder Crème brûlée. Aber auch für dieses Rezept ist er ideal geeignet, obwohl ich zunächst ein wenig Angst hatte, meine Cupcakes damit zu verkokeln. Aber wenn man vorsichtig zu Werke geht, kann gar nichts passieren.

Zubereitung

Für den Teig Schokolade und Butter im kochenden Wasserbad schmelzen und vermischen. Zucker und Eier schaumig rühren und anschließend das Mehl unterheben. Die geschmolzene Schokoladenmischung mit der Teigmasse vermengen.

Den Teig in die mit Papierbackförmchen ausgelegte Muffinform füllen. Im vorgeheizten Backofen bei 175 °C ca. 30 Minuten backen.

Für das Icing Eiweiße, Zucker und Weinstein im kochenden Wasserbad etwa 3–4 Minuten aufschlagen. Aus dem Wasserbad nehmen und weiterrühren, bis sich glänzende Spitzen bilden. Das dauert etwa 7 Minuten.

Die Masse mit einem Spritzbeutel (Tülle 10) auf die ausgekühlten Cupcakes spritzen. Die Eiweißhaube mit dem Flambierbrenner leicht bräunen

Schoko Schoko Schoko Schoko Scho

Eierlikör-Cupcakes mit Nougat-Buttercreme

Die Buttercreme für dieses Rezept besteht aus Nougat, Butter und Pudding. Der Begriff Pudding wurde aus dem Englischen übernommen und bezeichnet dort – auch herzhafte – Speisen, die in einer speziellen Form im Wasserbad gekocht werden. Ich liebe Vanillepudding. Vor allem wenn er noch warm ist, kann ich nicht widerstehen. Aber hier nasche ich nicht, weil ich ihn für diese himmlischen Cupcakes brauche.

Zubereitung

Zunächst für die Creme einen Pudding zubereiten. Dazu 6 EL Milch, die Eigelbe und die Speisestärke verrühren. Die übrige Milch mit Zucker und Vanillezucker zum Kochen bringen. Die angerührte Speisestärke hinzufügen und kurz aufkochen lassen. Den Pudding vom Herd nehmen und erkalten lassen, dabei zwischendurch immer wieder umrühren.

Für den Teig Eier und Zucker schaumig schlagen. Butter dazugeben und gut vermengen. Vanillezucker, Backpulver und Mehl hinzufügen und kurz unterrühren. Vorsichtig den Eierlikör dazugeben. Zum Schluss die Schokostreusel unterheben.

Den Teig in die mit Papierbackförmchen ausgelegte Muffinform füllen. Im vorgeheizten Backofen bei 150 °C ca. 35 Minuten backen.

Für die Creme die Butter schaumig schlagen, den Pudding löffelweise dazugeben und gut vermischen. Nougat im kochenden Wasserbad schmelzen, auf Zimmertemperatur abkühlen lassen und dann löffelweise unter die fertige Buttercreme rühren.

Die Creme mit einem Spritzbeutel (Tülle 10) auf die ausgekühlten Cupcakes spritzen und mit den goldenen Zuckerkügelchen dekorieren.

Für die Cupcakes

2 Eier
80 g Zucker
125 g weiche Butter
1 ½ Päckchen Vanillezucker
1 TL Backpulver
175 g Mehl
100 ml Eierlikör
100 g Schokostreusel

Für die Creme

½ l Milch
4 frische Eigelbe
45 g Speisestärke
100 g Zucker
1 Päckchen Vanillezucker
150 g weiche Butter
150 g Nougat

&

12 goldene Zuckerperlen

Zutaten für 12 Cupcakes
Zubereitung: 1 Stunde
Backzeit: ca. 35 Minuten

Schokoladen-Cupcakes mit Espresso-Ganache

Für die Cupcakes

85 g Zartbitterschokolade
2 Eier
135 g Zucker
120 g weiche Butter
½ TL Backpulver
¼ TL Natron
¼ TL Salz
100 g Mehl
80 ml Buttermilch

Für die Ganache

250 ml Schlagsahne
  (über 32 % Fettgehalt)
5 TL lösliches Espressopulver
250 g Zartbitterschokolade

silberne Zuckerperlen

Zutaten für 12 Cupcakes
Zubereitung: 1 Stunde
Backzeit: ca. 30 Minuten

Ursprünglich war Schokolade nur ein Getränk, das die Oberschicht der Mayas genoss. Erst Ende des 15. Jahrhunderts gelangte die Schokolade mit Hilfe der spanischen Eroberer zu uns. Da der Kakao als zu bitter empfunden wurde, fügten die Europäer Zucker hinzu. 1847 wurde in England dann die erste Tafel Schokolade hergestellt.

Zubereitung

Für den Teig die Zartbitterschokolade im kochenden Wasserbad schmelzen und beiseitestellen. Eier und Zucker schaumig schlagen, Butter zufügen und gut vermengen. Dann die etwas abgekühlte Schokolade unter die Buttermischung arbeiten. Backpulver, Natron, Salz und Mehl kurz unterrühren. Anschließend die Buttermilch untermischen.

Den Teig in die mit Papierbackförmchen ausgelegte Muffinform füllen. Im vorgeheizten Backofen bei 180 °C ca. 30 Minuten backen.

Für die Ganache die Sahne zum Kochen bringen und darin das Espressopulver lösen. Die Sahnemasse über die zerbröckelte Schokolade gießen und 5 Minuten stehen lassen, danach behutsam vermischen. Anschließend die Creme 20–30 Minuten schlagen, am besten mit einer Küchenmaschine.

Die Ganache mit einem Spritzbeutel (Tülle 10) auf die ausgekühlten Cupcakes spritzen und mit ein paar silbernen Zuckerperlen bestreuen.

Schoko-Nuss-Cupcakes mit Karamell-Creme

Gezuckerte Kondensmilch wurde 1856 in den USA erstmals industriell hergestellt, um Milch haltbar zu machen. Noch heute wird sie in vielen Ländern für verschiedene Desserts verwendet, eine spanische Freundin zum Beispiel bäckt immer einen Zitronenkuchen damit. Hervorragend ist gezuckerte Kondensmilch auch zur Herstellung von Karamell geeignet und verleiht diesen köstlichen Cupcakes ihren typischen Geschmack.

Zubereitung

Für den Teig Eier, Zucker und Vanillezucker schaumig schlagen, Butter zugeben und gut vermengen. Salz, Haselnüsse, Zimt, Kakao, Backpulver und Mehl hinzufügen und kurz unterrühren. Zum Schluss die Schokostreusel unterheben.

Den Teig in die mit Papierbackförmchen ausgelegte Muffinform füllen. Im vorgeheizten Backofen bei 150 °C ca. 35 Minuten backen.

Für die Creme die Butter bei geringer Temperatur in einer Pfanne schmelzen. Zucker, Kondensmilch und Salz dazugeben und bei mittlerer Temperatur köcheln lassen. Dabei ständig umrühren, das dauert etwa 5–7 Minuten. Dann die Pfanne vom Herd nehmen und 5 Minuten abkühlen lassen. Den Karamell in eine Schüssel füllen und etwas Frischkäse untermischen. Die Creme vollständig abkühlen lassen. Zum Schluss den restlichen Frischkäse unterrühren.

Die Creme auf den ausgekühlten Cupcakes verteilen und mit Schokospänen dekorieren.

Für die Cupcakes

3 Eier
150 g Zucker
1 Päckchen Vanillezucker
150 g weiche Butter
1 Prise Salz
100 g gemahlene Haselnüsse
1 ½ TL Zimt
2 TL Kakao
3 TL Backpulver
150 g Mehl
50 g Schokostreusel

Für die Creme

50 g Butter
200 g brauner Zucker
200 ml gezuckerte Kondensmilch
1 Prise Salz
150 g Frischkäse

&

Schokospäne

Zutaten für 12 Cupcakes
Zubereitung: 1 Stunde
Backzeit: ca. 35 Minuten

Schokostreusel-Cupcakes mit Erdnussbutter-Creme

Für die Cupcakes

2 Eier
115 g Zucker
90 g weiche Butter
½ Päckchen Backpulver
1 Prise Salz
200 g Mehl
150 g Joghurt
100 g Schokostreusel

Für die Creme

150 g Frischkäse
60 g Puderzucker
1 EL weiche Butter
180 g Erdnussbutter

Schokosternchen

Zutaten für 12 Cupcakes
Zubereitung: 30 Minuten
Backzeit: ca. 30 Minuten

Erdnussbutter, der cremige Brotaufstrich aus gemahlenen Erdnüssen, Öl, Salz und Zucker ist vor allem in Nordamerika sehr beliebt. Die Kellogs-Brüder sollen ihn, ebenso wie auch die Cornflakes, erfunden haben. Doch die Nusscreme schmeckt nicht nur auf Brot, sondern damit lässt sich auch eine wunderbare Creme für unsere Cupcakes herstellen.

Zubereitung

Für den Teig Eier und Zucker schaumig schlagen. Die Butter dazugeben und gut miteinander vermischen. Backpulver, Salz und Mehl kurz unterrühren und langsam den Joghurt hinzufügen. Zuletzt die Schokostreusel unterheben.

Den Teig in die mit Papierbackförmchen ausgelegte Muffinform füllen. Im vorgeheizten Backofen bei 180 °C ca. 30 Minuten backen.

Für die Creme Frischkäse, Puderzucker und Butter schaumig rühren. Die Erdnussbutter unterheben.

Die Creme mit einem Spritzbeutel (Tülle 10) auf die ausgekühlten Cupcakes spritzen und mit Schokosternchen bestreuen.

Register

Impressum

Mit 66 Farbfotos von Stefanie Bartsch

Umschlaggestaltung von Stefanie Bartsch
unter Verwendung von Fotos von Stefanie Bartsch

Unser gesamtes lieferbares Programm und viele
weitere Informationen zu unseren Büchern,
Spielen, Experimentierkästen, DVDs, Autoren und
Aktivitäten finden Sie unter **www.kosmos.de**

Gedruckt auf chlorfrei gebleichtem Papier

© 2009, Franckh-Kosmos Verlags-GmbH & Co. KG, Stuttgart
Alle Rechte vorbehalten
ISBN 978-3-440-11956-3
Rezepte, Texte und Foodstyling: Katharina Saheicha, Münster
Foodfotografie; Layout und Satz: Stefanie Bartsch, Münster
Redaktion: Dr. Eva Eckstein
Produktion: Eva Schmidt
Printed in Germany / Imprimé en Allemagne

FSC
Mix
Produktgruppe aus vorbildlich
bewirtschafteten Wäldern,
kontrollierten Herkünften und
Recyclingholz oder -fasern
Product group from well-managed
forests, controlled sources and
recycled wood or fibre
Zert.-Nr. SGS-COC-004238
www.fsc.org
© 1996 Forest Stewardship Council

Beste Küche – einfach und raffiniert

Mary Hahn Küchenpraxis
Das Küchenlexikon
672 Seiten, 880 Abbildungen
€/D 39,90; €/A 41,10; sFr 69,–
ISBN 978-3-440-10763-8

■ Von A wie Aal bis Z wie Zander, von arrosieren bis ziselieren – in mehr als 7000 Stichwörtern gibt dieses Lexikon Antwort auf alle Fragen zu Küchentechniken, Zutaten, Zubereitungsarten und vieles mehr.

■ Viele Tipp- und Infokästen reichern das Wissenswerte mit interessantem Lesestoff und praxisbezogenen Zusatzinformationen an.

■ 50 Featureseiten zu wichtigen Themen, Trends und Produkten runden das kulinarische Handbuch ab.

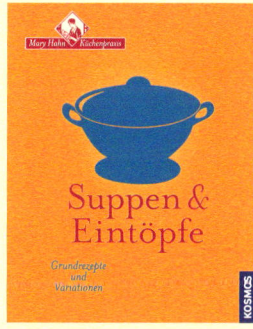

Mary Hahn Küchenpraxis
Suppen & Eintöpfe
€/D 14,95
ISBN 978-3-440-11253-3

Mary Hahn Küchenpraxis
Fleischgerichte
€/D 14,95
ISBN 978-3-440-11252-6

Mary Hahn Küchenpraxis
Nachtisch & Süße Speisen
€/D 14,95
ISBN 978-3-440-11251-9

Mary Hahn Küchenpraxis
Vorspeisen & Snacks
€/D 14,95
ISBN 978-3-440-11317-2

www.kosmos.de/essen_und_trinken

Preisänderungen vorbehalten

KOSMOS